INGO STEUER
EISZEITEN
VOM EHRGEIZ GETRIEBEN

WELTBUCH

INGO STEUER
EISZEITEN

VOM EHRGEIZ GETRIEBEN

WELT**BUCH**

Impressum

1. Auflage, Deutsch,
7. Februar 2014

ISBN 978-3-906212-02-9

© WELTBUCH Verlag GmbH
www.weltbuch.com

Alle Rechte vorbehalten

Aufgeschrieben von: Claudia Gräf
Layout/Satz/Titelgestaltung: Dirk Kohl
Lektorat: Sophie Micheel
Korrektorat: Marianne Jahnke

Bildquellen:
Unter jedem Bild erscheint der Autor/Rechteinhaber, soweit bekannt. Bilder, welche über Wikipedia bezogen worden unterliegen a) der Lizenz „Creative Commons Attribution-Share Alike 3.0 Germany", die es erlaubt, Werke bzw. den Inhalt zu vervielfältigen, zu verbreiten und öffentlich zugänglich zu machen, wobei die Nennung des Autors/Rechteinhabers unter dem jeweiligen Bild zu finden ist sowie b) der Lizenz „Gemeinfrei", bei der das Werk frei verwendbar ist und keiner bekannten urheberrechtlichen Einschränkung unterliegt.

Inhalt

Vorwort	Jetzt erst recht	6
1. Kapitel	Wer nichts riskiert, verliert	9
2. Kapitel	Manchmal ist weniger mehr und das Einfache bekommt große Bedeutung	15
3. Kapitel	Erfolg erfordert harte Arbeit	35
4. Kapitel	Traum und Wirklichkeit gehen manchmal sehr weit auseinander	54
5. Kapitel	Die Dinge sind nicht immer so, wie sie im ersten Moment erscheinen	73
6. Kapitel	Nur diejenigen, die an ihre Grenzen gehen, wissen, wo ihre Grenzen sind	88
7. Kapitel	Jeder Morgen ist eine neue Berufung	120
8. Kapitel	Wer mit Vertrauen spielt, verspielt den Erfolg	134
9. Kapitel	Erfolg kann man sich nicht kaufen, man muss ihn sich erarbeiten	145
10. Kapitel	Die Kunst ist es, alles Irritierende auszublenden, um sich ganz auf das Ziel zu konzentrieren	151
11. Kapitel	Erfolg zwingt zur Verantwortung	204
12. Kapitel	Jeder hat nur 24 Stunden am Tag – Wichtig ist, was man daraus macht	214
13. Kapitel	Die Akte Ingo Steuer	236
14. Kapitel	Bildteil: 1984-2014	237

Vorwort

Jetzt erst recht

Wenn Sie diese Zeilen lesen, sind die Olympischen Winterspiele 2014 in Sotschi noch voll im Gange oder werden schon Geschichte sein. Wie immer diese Spiele für uns, für mich auch ausgehen, glauben Sie auch, es geht mir um Genugtuung, wenn wir für die Goldmedaille antreten? Dass wir Revanche wollen? Genugtuung? Wofür denn schon!
Ganz tief in mir drin, dort, wo auch ich selbst mich nur selten blicken lasse, dort weiß ich, ja, es stimmt, ich will auch Genugtuung. Für die entbehrungsreichen und trotzig durchtrainierten Jahre. Ich will es noch einmal wissen. Nach Bronze 2010 mit Aljona und Robin 2014 Gold gewinnen. Gemeinsam mit ihnen unser Glück noch einmal versuchen.
Revanche aber auch wegen der schwierigen Arbeitsbedingungen, unter denen wir seit 2006 trainierten. Für unser großes Ziel „olympisches Gold". Anfangs wussten wir ja nicht einmal, wie wir uns finanzieren sollten.
Doch etwas half uns, ab 2010 weitere vier Jahre miteinander zu arbeiten und auf Olympia zuzusteuern. Das waren unsere Fans. Und so schreibe ich dieses Buch nicht erst, wenn mein Leben auf diese oder jene Art gelebt sein wird; wenn andere auf dem Eis stehen und trainieren und ich nur noch hinter der Bande bin, auf der Bank sitze, zuschaue und ein heißer Tee mir die Hände

wärmt. Irgendwann einmal, wenn alles so oder so gelaufen sein wird.

Ich schreibe es heute und erzähle auf diese Weise meine Geschichte, aus meiner Sicht, für meine Fans. Für jene Frauen und Männer, die immer zu mir gehalten haben, die hinter mir standen, in all den Jahren. Menschen, die meine Leidenschaft teilten, vor allem hier in Chemnitz, wo ich zu Hause bin. Frauen und Männer, die bis heute immer an meiner Seite waren. Die mir die Daumen drückten und mit mir jubelten, manchmal weinten sie auch mit mir.

Fans, die mich lange kannten, bevor ich begann, als Trainer zu arbeiten. Einige freuten sich schon mit mir, als ich in Sapporo – vor 30 Jahren! – mit Manuela Landgraf Juniorenweltmeister wurde. Fans, die Mandy Wötzel und mir zujubelten, wo immer wir zu sehen waren. Die Rico Rex und Eva Maria Fitze kannten und mit Nicole Nönnig und Matthias Bleyer bangten. Sie reisten mit uns zu den Wettkämpfen und schickten uns Briefe aus England und Frankreich; und als Mandy in Lillehammer stürzte und wir am Boden zerstört waren, da schrieben uns Schulkinder aus Amerika zum Trost ihr „Don't worry, be happy".

Frauen und Männer, die Aljona Savchenko und Robin Szolkowy später darin bestärkten, weiterzumachen und nicht das Handtuch zu werfen. Ja, auch zu ihrem Trainer zu stehen. Einige wenige flogen sogar über den Großen Teich, um die beiden auf dem Eis zu sehen. Keine Ahnung, ob ich ohne meine Fans durch diese stürmischen, manchmal auch eiskalten Zeiten gekommen wäre. Stünde ich heute hier? Ich weiß es nicht.

Danke, dass Ihr da seid.
Euer Ingo Steuer

Chemnitz, im Januar 2014

1. Kapitel
Wer nichts riskiert, verliert.

Wie ein gerupftes Huhn

Meine Urgroßmutter erschrak, als sie mich sah: „Wie ein gerupftes Huhn! Du meine Güte." Es lag Schnee, als ich am 1. November 1966 um 6:35 Uhr zur Welt kam. Ich wog knapp 2500 Gramm.

Mickrig und schreiend begann damit mein „Jetzt erst recht!". Wenn nichts gelingt und jeder zweifelt, erwacht in mir der Löwe, schüttelt sich und trabt los. So war ich schon als kleiner Junge, als mir die lederne Brottasche um Hals und Brust hing und ich zum Kindergarten stiefelte und mich dort behaupten musste. Als junger Einzelläufer und später im Paarlauf lief ich verbissen und ehrgeizig bis zum letzten Ton der Kür, auch wenn ich mal etwas verpatzte oder meine Partnerin einen Sprung nicht stand.

Ahne ich heute, wie die Musik der nächsten Choreografie klingen könnte, stöbere ich stunden-, tage-, ja wochenlang in jeder freien Minute in CDs und Plattenläden, bis mir eine ganz bestimmte Musik in die Seele fällt. Der Klang muss mich berühren; erst dann verbinden sich Läufe und Sprünge, Pirouetten und andere Elemente zu einem ersten Bild. Aus ihm entsteht in mir eine Geschichte, die ich auf dem Eis erzählen möchte.

Wenn ein Element auf dem Eis so einfach erscheint und doch nicht gelingen will, grüble ich so lange, bis ich weiß warum. Gerate ich in Konflikte, versuche ich mich zu positionieren und den Streit zu klären. Ich gebe nicht gern auf. Im Laufe meines bisherigen Lebens, als Eiskunstläufer und Trainer, zog mich diese Haltung mehr als einmal aus dem Schlamassel.

Das Eis gehört zu mir, wie meine Haut und meine Haare. Nicht in die Schlittschuhe schlüpfen, die Bänder festziehen und aufs Eis gehen? Nicht laufen, trainieren und ausprobieren? Unvorstellbar. Dieses Parkett aus gefrorenem Wasser ist mir sicherer als jeder andere Boden. Nie bin ich unsicher auf dem Eis, anderswo schon. Merkwürdig? Aber nein! Ganz einfach zu verstehen, denn nichts und niemand hat mich jemals mehr in seinen Bann gezogen als diese 1800 Quadratmeter spiegelglatter Fläche. Egal, ob Wochen- oder Feiertag, ich bin dem Eis verbunden. Das Eis ist und bleibt die Droge, nach der ich süchtig bin. Manchmal fühlt es sich etwas härter und glatter an, ein andermal erscheint es rauer oder stumpfer, aber das spielt keine Rolle. Niemals wirkt sich die Qualität des Eises auf das aus, was wir auf dem Eis veranstalten. Sobald ich darauf laufe, nehme ich Tuchfühlung auf und bin ganz bei mir.

Es gibt auch Tage, da graut es mir davor, in die Halle zu gehen. Im Kopf läuft der Film vom letzten Training und ich denke „Oh Gott, wenn alles wieder so nervig und anstrengend wie gestern wird!". Und dann gelingt jede Trainingseinheit in völliger Harmonie.

Es gibt Trainingsstunden, in denen ich nicht hochmotiviert bei der Sache bin. Ein kleiner Fehler und ich reagiere lauter oder unwirscher als nötig; meine Gedanken laufen mir davon, entwischen aus der Halle.

Möglicherweise signalisieren sie mir damit „Mach mal Pause, halt ein wenig mehr Abstand!".

Doch jeder Tag ist anders und am nächsten Morgen zieht es mich förmlich in die Halle. Wieder stellt sich die Gewissheit ein: Ich will immer nur diesen Job machen, keinen anderen. Immer Trainer sein.

Ohne die Eisfläche fühle ich mich unvollständig, wie ein halber Mensch. Das kann auch gefährlich sein, denn hin und wieder braucht jeder Luft zwischen sich und seiner Berufung, sonst frisst sie ihn auf. Das fällt mir schwer, sehr schwer, und manchmal erschreckt es mich. Aber weil sich im Eiskunstlauf nur so Erfolg einstellt, muss ich mich immer vom Scheitel bis zur Sohle hingeben, ich kann nicht anders.

Ist das verrückt oder ganz normal? Ich glaube, beides. Und so gerät eben alles wieder ins Gleichgewicht. Langweilig wird's nie.

Ich muss nicht alles haben

Ich erinnere mich, wie mein Bruder und ich als Stepkes, mit unseren Eltern in manchen Sommerwochen in unser Gartenhäuschen umzogen. Auf einem geliehenen Handwagen befanden sich Sofa und Kühlschrank und dann ging es ab ins Grüne. Mein Bruder und ich tobten durch den Wald und winkten am nahegelegenen Bahndamm den vorbeifahrenden Zügen nebst Lokführern zu. Bewegung schrieben wir vier Steuers alle groß.

Bald sollte ich unbewusst auch lernen zu verzichten. Ferienlager? Nach der Schule mit den anderen Kindern im Hof spielen, bis es

Foto: Privat

dunkelt und die Mütter ihre Sprösslinge zum Essen rufen? So sahen meine Nachmittage nicht aus. Meine Kindheit fand auf dem Eis statt. Statt in Ferienlager fuhr ich in Trainingslager; ganz selbstverständlich ordnete sich von frühester Kindheit an dem Sport alles unter. Entstand daraus ein Schmalspurdenken zwischen Bande und Bande? Oder ein Leben im Tunnel, im Eiskunstlauftunnel? Gut möglich, dass der eine oder andere Traum eingefroren unterm Dach in der kalten Eishalle hängt. Er wartet auf mich, während ich meine Choreografien schreibe und die Sportler trainiere. Doch fragt man mich, was ich vermisst habe, dann fällt mir nicht viel ein. Bestimmt hätte ich anderen Sehnsüchten nachgegeben, wenn sie so groß gewesen wären. Das Eiskunstlaufen hatte mich schon lange in Besitz genommen. Ehrgeizig, fast zwanghaft, versagte ich mir alles, was dem nicht diente. Es war selbstverständlich für mich, nach der Schule zur Eishalle zu radeln und zwei, später drei oder vier Stunden zu trainieren. Die Eismaschine kroch übers Eis, Musik vermischte sich mit den Übungsanweisungen und zwischendurch gab es heißen Tee aus Thermoskannen.

Ab meinem 9. Lebensjahr besuchte ich die Sportschule und das Training wurde intensiver und umfassender. Bis heute unterwerfe ich mich deshalb stoischer Dispiplin und klaren Regeln: 6:30 Aufstehen! Laufen gehen! Athletiktraining! Abends eine Stunde Training auf dem Eis für mich allein ... um nur einiges zu nennen.

Die Olympischen Winterspiele in Sotschi markieren eine Wende. Acht Jahre lang, zwischen 2006 und 2014, visierten wir ein großes Ziel an – Olympisches Gold! Ich bin gespannt, wie es im Februar 2014 ausgeht. Danach beginnt für mich ein neuer Lebensabschnitt. Mal schauen, was passiert und welchen Menschen ich über den Weg laufen werde. Viele Jahre steuerte ich, ohne nach links und rechts zu schauen, auf meine Ziele zu. Immer zu schnell, dabei mir irgendetwas zu versagen. Das bleibt eine meiner Herausforderungen, mir etwas zu gönnen, was außerhalb meines „Trainingsplanes" steht. „Loslassen" sagt man wohl dazu – gut, ich bin lernfähig. Wenn nichts schiefgeht, bleibt mir ja noch ein halbes Leben Zeit dafür.

So wie mir ergeht es den meisten Leistungssportlern. Irgendwann muss sich jeder für „ganz" oder „gar nicht" entscheiden. Ein gesunder Mix von Konzentration auf der einen und gelassenem Genießen auf der anderen Seite, das wäre der Idealzustand. Leider gibt es hier kein Gleichgewicht, immer läuft es darauf hinaus, es zu tun oder zu lassen.

Haben Sie schon einmal auf der Eisfläche gestanden? Oder zumindest eine Eishalle von innen gesehen? Herrlich kühl zu jeder Jahreszeit! Weißes Licht macht die Halle hell. Von irgendwoher schwirrt Musik. Jedenfalls war es um mich geschehen, als mich als fünfjähriger Junge beim ersten Training die frische Hallenluft umwehte. Dazu das Größenverhältnis: die Halle – ein Riese – und ich – ein Zwerg – und wir sagten „Hallo" zueinander. In der Umkleidekabine roch es nach Trainingszeug und alten Kniften. Der gräbt sich ein, dieser Duft. Mir Winzling half meine Mutter in die Schlittschuhe hinein und wenige Minuten später kratzten meine Kufen ihre Spuren ins Eis. Trainer warfen ihre Worte in die Eisluft. Das war meine erste große Liebe, die intensivste, die lebenslang halten sollte. Ich konnte bis heute nie wieder loslassen.

Im Frühling 2012 habe ich hier in Chemnitz mit einigen Franzosen gearbeitet. Knapp zwei Monate lang waren wir zusammen auf dem Eis. Sie hatten sich vorgenommen, hart zu trainieren und wollten jede Stunde nutzen, um meinen Anleitungen und Ideen zu folgen. Ihre Mentalität faszinierte mich; diese Art, die Dinge gleichzeitig ganz genau und trotzdem gelassen, ja immer auch heiter zu nehmen. In dieser Hinsicht wäre ich gern etwas „französischer". Aber, wie gesagt, ich arbeite daran. Die Leichtigkeit der Franzosen hat sich allerdings auch auf ihr Zahlungsverhalten ausgewirkt; das vereinbarte Honorar ging bestimmt bei Baguettes, Rotwein und fröhlichem Beisammensein ganz einfach unter. Ich kann geduldig sein und weiß immer, dass das Leben die Dinge geraderücken wird.

Fotos: Privat

2. Kapitel
Manchmal ist weniger mehr
und das Einfache bekommt große Bedeutung

Familienbande

Ich denke gern an meine Kindheit zurück. „Wie bitte", sagen Sie jetzt vielleicht, „wo doch bei so viel Training, Schmerz und Disziplin kaum Zeit blieb für Kinderspiele?"
Ich wuchs in einem intakten Zuhause auf und fühlte mich aufgehoben. Unser Leben verlief planvoll und gut organisiert, bisweilen recht straff. Aber ich konnte mich in diesem Leben festhalten; es besaß Strukturen, die nun meinen eigenen zugrunde liegen.
Am Nachmittag um 15 Uhr brachten mich Mutter, Vater, Großmutter oder Großvater zum Training und holten mich zwei Stunden später wieder ab. Meine Eltern organisierten unsere Tage, bis wir Kinder das selbst vermochten. Die beiden lernten sich schon als Jugendliche kennen; bezeichnenderweise auf einem Sportplatz. Dort sah mein Vater die künftige Leichtathletin die Bahnen entlangsprinten. Vier Jahre später trug die junge Frau den Nachnamen meines Vaters und zwei kleine Rabauken stolperten durch die knapp 70 Quadratmeter große Wohnung der Steuers. Mein Vater „steuerte" unser Schiff umsichtig und mit Bedacht. Er legte den Kurs fest und stand gemeinsam mit

unserer spontanen Mutter auf der Kommandobrücke. Er schaute voraus und sie überraschte. Wie es sich für einen guten Mix gehört, trage ich von beidem etwas in mir.

Von meiner Mutter stammen die Liebe zum Sport und die Disziplin bis zur Selbstverleugnung. In einer Zeit, in der das sehr unpopulär war, kam meine Mutter in Plauen als Tochter eines amerikanischen Soldaten zur Welt – 1946, gleich nach Kriegsende. Sie kannte seinen Namen nicht und lernte ihn nie kennen. Dieses Geheimnis nahm meine Großmutter mit ins Grab. Streng und mit Härte erzog sie ihr Kind. Und so lernte meine Mutter viel auszuhalten, um überhaupt existieren zu können. Normal war das nicht. Auch ich bin geübt darin, mir zu sagen: „Was mich nicht umbringt, macht mich stärker". Den Gegenpol zu dieser Erziehung fand meine Mutter im Sport. Sie begann als Geräteturnerin und stieg später in die Leichtathletik ein. Als Läuferin über 200 und 400 Meter heimste sie eine Menge Medaillen ein. Leider fiel ihre sportliche Laufbahn einem ignorierten, vereiterten Blinddarm zum Opfer.

Ich glaube, ich bin so ehrgeizig, wie sie es war. Mein planerisches Talent wurzelt in dem meines Vaters, und trotz seiner konsequenten Erziehung erlebte ich ihn liebevoll und uns zugewandt. Mein ein Jahr älterer Bruder und ich, wir verhalten uns tatsächlich brüderlich. Als erwachsene Männer treiben wir zwar gelegentlich noch Schabernack miteinander, aber wir sind einander die besten Berater. Natürlich prägte unser kindliches Zusammenleben nicht ausschließlich Liebe und Güte, wie man sich denken kann. Unser geringer Altersunterschied sorgte dafür, dass wir, wie zwei Kater im Hof, ständig miteinander stritten. Unsere arme Mutter! Permanent rauften wir um den besten Platz im Auto und die tägliche Führungsrolle. Der Chefposten war niemals klar vergeben, sondern immer heiß umkämpft. Jeden Morgen sah und hörte man uns schon von Weitem vor dem Kindergarten zetern. Wir rivalisierten um den Reitersitz auf einem kleinen bronzenen Esel – der zweite Sieger musste mit dem seitlich angebrachten Korb vorliebnehmen. Wir zwei Grautiere aus Fleisch und Blut zelebrierten dieses Ritual jeden Morgen neu! Auch aus diesem Grund fanden unsere Eltern, die selbst sehr sportlich waren, schnell heraus, dass die kleinen Kerle beschäftigt werden mussten. Vier- und fünfjährig saßen wir eines Abends beim Abendbrot und lauschten den Beschlüssen unserer Eltern. Für jeden von uns hatten sie einen Plan.

Für meinen Bruder sollte es Fechten und für mich als den „Filigraneren" von uns beiden Eiskunstlaufen sein, denn ich war wendig und biegsam genau wie meine Mutter.

Mein Bruder wechselte auf den Fußballplatz ins Tor, später in die Gilde der Schiedsrichter. Noch heute pfeift er an manchem Wochenende irgendwo in Deutschland verschiedene Turniere.

Indem wir in sportliche Gefilde abtauchten, reduzierten sich unsere heimischen „Rauf"-Zeiten beträchtlich. Einmal jährlich lebten wir in absolutem Waffenstillstand.

Vom 1. bis zum 19. November waren wir beide gleichaltrig. Mein Bruder hatte festgelegt, dass für

diesen Zeitraum mir die Führungsrolle gehörte. Neunzehn Tage lang im Jahr hatte ich das Sagen. In der restlichen Zeit stritten wir ununterbrochen ohne Regeln um die Macht. Mein kluger Bruder kam dabei immer ein wenig besser weg als ich; manche Suppe musste ich auslöffeln, ohne die Brocken reingeworfen zu haben. Einmal fuhren wir mit den Rädern in den Wald und begegneten einer Gruppe Jungs, die meinem Bruder nicht gut gesonnen war. Ich riskierte die dicke Lippe, sie sollten ihn gefälligst in Ruhe lassen. Mein Bruder animierte mich, in die Pedale zu treten und das Weite zu suchen, aber meine dünnen Beine schafften nicht, was ihm gelang. Sieben, acht Jungs kreisten mich ein und ich musste für meine große Klappe geradestehen. Ich bekam mächtig eine verpasst. In den Allerwertesten getreten und die Nase blutig geschlagen, kam ich nach Hause. Im Garten erzählte ich unseren Eltern nur sehr vage von unserem Erlebnis. Ich, der „begossene Pudel", schüttelte mich kurz – ich hätte ja meinen Mund auch halten können – und weiter ging's.

Später, als ich auf die Kinder- und Jugendsportschule ging und bald kaum noch gemeinsame Zeit mit meinem Bruder haben sollte, waren wir beide hin und wieder in wirklich gutem Einverständnis.

Ich glaube, wir lebten wie eine gute ostdeutsche Durchschnittsfamilie. Die Eltern arbeiteten beide, wir Kinder gingen früh, ziemlich früh, mit ihnen aus dem Haus. Manchmal saßen wir am Nachmittag bei einem Stück Pflaumenkuchen mit Oma, Opa

Foto: Privat

oder unserer Mutter am Tisch. Unsere Großeltern teilten unser Leben; der gut organisierte Alltag forderte ihre Energien schlichtweg ein. Gepriesen seien die gemeinsam verbrachten Zeiten! Irgendwie echt italienisch. Unseren Hof auf der Ammonstraße bevölkerte in der Zeit bis zum Abendbrot eine große Kinderschar. Dem elektronischen Standard der damaligen Zeit sei Dank spielten sie „Räuber und Gendarm", „Doppeltes E" oder „Verstecker", bis es dunkelte. Wir gehörten sehr selten dazu, denn viel Zeit blieb uns dafür nicht; unser Training bestimmte den Rhythmus des Tages.

Vorerst aber versuchte ich, in der Kindergartengruppe meine Führungsposition zu stärken. Ich erinnere mich, dass sich in meinen sehr frühen Jahren, als ich den Kindergarten unsicher machte, Folgendes zutrug: Es war wohl um die Schlafenszeit herum und mein Mitteilungsbedürfnis ließ sich nicht beruhigen. Auch nach mehrmaligem Auffordern krakeelte ich unbesorgt weiter. Da wurde ich zur Strafe auf einen Schrank gesetzt; zuvor stülpte mir eine besonders witzige Kindergärtnerin ein Netz, das den „Maulkorb" darstellen sollte, über den Kopf. Ich dachte aber gar nicht daran zu schweigen, sondern verlegte mich nun aufs Bellen – wusste ich doch, was sich für einen guten Hund gehört. Unter allgemeinem Lachen holte man mich wieder auf den Boden der Tatsachen zurück.

Diese Episode verstehe ich heute, während ich zurückschaue, als sehr bezeichnend für mein Verhalten in Krisensituationen. Jene ausgefallene Strafe hätte mich als Fünfjährigen ja auch zum Weinen bringen oder in kindliche Verzweiflung stürzen können. Stattdessen passte ich mein Verhalten der Situation an und machte das Beste daraus, ohne Ängste vor dem Kindergartenbesuch zu entwickeln. Einmal holte mich mein Vater vom Kindergarten ab und fragte eher beiläufig bei den Erzieherinnen nach, wie ich Rübchen mich geführt hätte. Leider gab es einiges zu berichten. Mein Vater lenkte daraufhin meinen Blick nach draußen und meinte nur, dass ich nun – bedauerlicherweise – nicht mit dem nagelneuen Wartburg nach Hause fahren könne, sondern laufen müsse. Das war hart und schlug mir Fünfjährigem mächtig auf den Magen. Für die nächste Zeit zeigte ich mich also sonderlich brav und rauschte ein paar Tage später, versunken in das Leder der Rücksitze, im Wartburg chauffiert heim.

Mein Vater war streng, aber verlässlich. Auch aus diesem Grund entstand in mir mit den Jahren eine innere Stabilität, die sich bis heute erhalten hat, gefestigt vom familiären Umgang und mütterlicher und väterlicher Erziehung.

An den Wochenenden und in den Ferien zogen wir vier manchmal umher – ich erinnere mich an schöne gemeinsame Unternehmungen. Wir wanderten durchs Erzgebirgsvorland und kraxelten die Berge hoch. Wir picknickten hart gekochte Eier, Beefsteaks und Butterschnitten, Äpfel und Pflaumen aus dem elterlichen Garten. Wir lechzten alle nach Bewegung und kämpften in manchen Wettbewerben um die innerfamiliären vordersten vier Plätze. Im Grunde genommen wuchsen wir in solchen Zeiten zusammen wie Eltern und Kinder üblicherweise in gemeinsamen Stunden. Wir durchstreiften die Gebirgslandschaft vor unserer Haustür und bezogen dort vertrautes Quartier, Winter für Winter. In so manchen Situationen meines Lebens hat mir mein energievolles Durchhalten mächtig geholfen, so auch ganz früh, in eben jener Zeit, als unsere Familie gemeinsam in den Urlaub fuhr.

In einem unserer Winterurlaube hatten wir wieder einmal die Wanderfahne gehisst und streiften durch die verschneiten erzgebirgischen Wälder. Da wir häufig am gleichen Ort „urlaubten", entstand zwischen dem Sohn der Herbergsfamilie und mir eine Ferienfreundschaft, gefestigt durch kleine Heimlichkeiten und Ausflüge zu zweit. Auf einem dieser Streifzüge kamen wir vom Weg ab und gelangten in unwegsames Gelände. Dann, auf einmal, ein schnee- und eisbedeckter Felsüberhang, der sich schnell als mein einziger Rückweg erwies. Nur die ausgestreckte Hand meines Freundes konnte mir helfen. Ich spannte mich wie eine Feder, zitterte vor Aufregung und mein Wille schüttelte mich förmlich. Dann nahm ich Augenmaß, sprang, erreichte seine Hand und kam mit meiner, seiner und wessen Hilfe auch immer, über den Hang.

Meine Eltern erfahren von dieser kleinen Episode erst in diesem Buch, auf dieser Seite. Ich bitte nachträglich um Verzeihung.

In den Sommerferien zuckelten wir, damals noch mit unserer „Rennpappe", an die Ostsee. Aufgeregt knatterten wir zehn Stunden und fünfhundert Kilometer lang mit unserem Trabbi an die Küste, Mutter und Vater in Sorge, ob das Gefährt die „enorme Distanz" durchhielte, wir Jungs in Vorfreude auf Wasser und Sand. Ich erinnere mich mit großer Freude an unseren immer gleichen Campingplatz. Ich vermisste die große weite Welt damals nicht, weil ich die kleine Welt so sehr mochte. Unsere Familie schuf sich so ein Polster gemeinsamer Erlebnisse und Zuneigung, davon zehrten wir vier.

Mein engster Freund wohnte in jenen Jahren im gleichen Haus zur Miete: Karsten Augustin. Zwei Jahre besuchten wir die gleiche Schule und drückten die gleiche Schulbank. Kam ich nach dem Training nach Hause, flog manchmal der Ranzen in die Ecke und wir stürmten in den Hof. Wenn auch nur für kurze Zeit – der kleine Rasen gehörte uns. „Fußball" hieß unsere gemeinsame Leidenschaft. Wir dribbelten und köpften, tricksten und schossen uns abwechselnd die Pille ins gleiche Tor. Mit Karsten durchlebte ich diese frühen Jahre mit all ihren Eigenheiten. Wir stibitzten uns gegenseitig die Kohlen aus dem Keller und halfen uns, wann immer es nötig war. Unsere Geheimnisse waren beim anderen gut aufgehoben. Ich erinnere mich, dass wir einmal zur gleichen Zeit aus der Schule kamen. Ich hatte die Arme vollbepackt mit Beuteln, Schulzeug und Ähnlichem. So stiegen wir im Hausflur die Treppe hoch und es zeichnete sich deutlich ab, dass ich kaum meinen Wohnungsschlüssel würde ergreifen können. Unsere Wohnungstüren zierte ein Briefkastenschlitz. Damals kam der Briefträger ja in jedes Haus hinein, ohne Sicherheitsschloss oder Generalschlüssel. Natürlich standen die Haustüren offen, so wie sich Freunde und Bekannte unverhofft besuchten, ohne sich telefonisch anzumelden – von 20 Familien besaß maximal eine einen Telefonanschluss. Vor meiner Wohnungstür angekommen, nahm mein Freund einen großen Holzlöffel aus einem schmalen Wandschrank, wie er eigentlich im Waschhaus gebraucht wurde und der einem besonderen Zweck gewidmet war: unser „Reserveschlüssel". Ohne ihn wären wir oft verzweifelt, weil mein Bruder nicht selten seinen Schlüssel verlor oder ihn liegen ließ, wo er niemandem nützlich sein konnte. Karsten steckte den „Holzschlüssel", als ob es nicht anders sein könnte, durch unseren Briefschlitz, drückte mit dem langen Stiel die Klinke an der Innenseite der Wohnungstür herunter und schwupps stand ich in unserem Flur.

Damals wusste ich alles von ihm, heute nichts mehr. Nachdem wir aus der Gegend wegzogen, verloren wir uns aus den Augen. In meiner Erinnerung lebten wir alle sehr nah beieinander und kannten uns gut.

Meine Eltern meinen, ich sei ein lebendiges, pflegeleichtes Kind gewesen, aber manchmal auch recht schwierig. Schwierig – wie das klingt – hat so einen merkwürdigen Nachklang, als ob ich nicht ganz richtig im Kopf gewesen wäre. Ein Dickschädel war ich, das mag stimmen. Wovon ich überzeugt war, dafür kämpfte ich mit allen Mitteln. Fühlte ich mich zum Beispiel im Training falsch behandelt, hackte ich manchmal mit den Kufen ins Eis oder trat gegen die Bande. Letztendlich läuft es doch darauf hinaus, ob man die Meinung der Mehrheit vertritt oder mit seinem Verständnis der Sachlage unpopulär ist. Ich hatte einfach schon als kleiner Junge meinen eigenen Kopf und mein eigenes Maß von dem, was richtig oder falsch war. Ach, das konnte schon ermüdend sein für andere. Wie der Kleinstadthauptmann verteidigte ich mein Revier, meine Gedanken, meine Ansprüche. Mal fauchend und Feuer spuckend, mal diskutierend, bis allen erschöpft und genervt die Spucke ausging.

Einen Teil meiner kostbaren Freizeit verbrachte ich ganz allein an meines Vaters Seite. Ich meine damit den privaten Nachhilfeunterricht beim „Hauslehrer". Ich habe das gehasst, wie jedes Kind. Mit dem Vater am Stubentisch sitzen und Schulaufgaben lösen! Mein naturwissenschaftliches Verständnis existierte nur rudimentär und ich besaß schlichtweg kein Interesse an Mathe und Physik. Im Nachhinein rettete mich die Tatsache, dass mein Vater Mathe und Physik lehrte. Er begeisterte sich für klare mathematische Wege und schwärmte von den wunderbaren Möglichkeiten der Wahrscheinlichkeitsrechnung. Ich sehe ihn heute noch vor mir, wie er freudig Flächeninhalte und Volumen berechnet. Leider schrammte diese Leidenschaft an mir vorüber. Doch ich hatte Glück. Schnell und einfach erklärte er mir komplizierte Sachverhalte. Was ist wichtig? Worauf muss ich weniger achten? So sparte ich viele kostbare Stunden, in denen ich mir später nur mühsam Integralrechnung und optisches Grundwissen angeeignet hätte. Das nervte damals natürlich, half mir aber enorm.

Damit, dass Sport mein Lebensinhalt wurde, bin ich in unserer Familie schon etwas aus der Art geschlagen. Sport getrieben haben wir zwar alle, mein Vater zum Beispiel liebte früher Fußball über alles und heute steht er begeistert am Feldrand oder sitzt als alter Hase bei jeder Bundesligaübertragung vor dem Fernseher. Fußball würde ich übrigens auch gern spielen, nicht nur mit Robin Szolkowy zur Erwärmung und zum Spaß. Wer weiß, mit meiner ambitionierten Haltung hätte ich bestimmt einen guten Stürmer abgegeben. Weltmeister wäre ich mit Sicherheit nicht geworden. So bleibt es erst einmal dabei, dass ich ab und zu kicke und, wann es immer es geht, im Stadion sitze und den Chemnitzer FC anfeuere. Beneidenswert, dass mein Bruder übers Feld flitzen kann. Weil es aber für mich ein großes Vergnügen wäre, mehr Fußballspielen zu können, steht fest, dass in meinem Leben nach dem Eiskunstlauf das runde Leder als feste Größe dazugehören wird.

Mit der gleichen Leidenschaft, mit der ich dem Eislaufen fröne, arbeitet mein Bruder übrigens in seiner Kanzlei als Anwalt. Wir gehen beide mit großer Hingabe unserer Arbeit nach, darin ähneln wir uns.

Mein Vater und mein Bruder sind die beiden Denker in unserer Familie. Bei mir liegt die Energie, mütterlicherseits vererbt, in meinem großen Bewegungsdrang. Noch als sie in den letzten Monaten mit mir schwanger war, kletterte sie auf Apfelbäume! In meiner Kindheit brachten unsere Nachbarn mein quecksilbriges Wesen damit in unmittelbaren Zusammenhang. Ich bin einfach kein Bücherwurm, habe weder buchhalterische noch andere herausragende intellektuelle Begabungen. Nein, ich will damit an dieser Stelle nicht kokettieren. Ich bin ein einfacher Mensch mit vielseitigem sportlichem Talent. Nicht der Denker, sondern der Handelnde. Ich muss mich zwingend bewegen. Zwar steht unter meinem Abiturzeugnis ein „Sehr gut", doch das war reine Übungssache, die mich hin und wieder aus der Haut fahren ließ oder nervte. Sobald ich begriff, dass mit Wiederholungen „etwas zu reißen" war, erledigte sich das allerdings von selbst.

Gelernt habe ich nur, was wirklich nötig war. Ich war faul in der Schule, das trifft es durchaus. Die meisten Stunden meines

Lebens gehörten seit frühester Kindheit dem Eiskunstlaufen. Für den Fall, dass mir dabei einmal etwas einen Strich durch die Rechnung machen würde, sollte ich natürlich einen vernünftigen Beruf erlernen – auch, weil mein Vater wollte, dass seine Kinder im Leben zurechtkommen. So studierte ich später also Sport, die naheliegende Variante. Als zur Wende nicht klar war, ob die Studienjahre angerechnet würden, beziehungsweise ob es Arbeit für uns geben würde, stieg ich aus.

Diese Aussicht besaß so wenig Charme, dass ich sofort über eine andere Perspektive nachdachte. Zuerst versuchte ich mich in einer Werbeagentur, kurvte mit meinem Manta auf eigene Kosten durch die Gegend und ging auf Akquise. Nach einem Monat war Schluss damit. Ein feuchter Händedruck, ein Danke, das war's. So würde meine Zukunft also nicht aussehen, für den Fall, dass ich einmal nicht mehr eislaufen konnte. Lehrer werden wie mein Vater, das wollte ich auch auf keinen Fall. Früh aus dem Haus, mittags heim, Versammlungen, Elternabende – nein, das reizte mich nicht. In meiner Vorstellung sah ich mich auch nicht in eine Firma oder Fabrik stiefeln, 7 Uhr raus, 9 Uhr am Schreibtisch, 17 Uhr nach Haus kommen und morgen und übermorgen und nächste Woche immer so weiter.

Ich wusste, ich wollte auch mit Menschen zusammen sein. Ich lief für mein Leben gern auf dem Eis und hatte – neben einem streng ausgeklügelten Trainingsplan – immer mit Sportlern oder Trainern zu tun. Auf dem Eis, beim Krafttraining, in den Trainingslagern und natürlich bei den Wettkämpfen.

Nach einigem Hin und Her fand ich schließlich einen Ausbildungsplatz. Es musste ja irgendwie weitergehen. Heute kann ich mir das gar nicht mehr vorstellen, von jetzt auf gleich mussten die Karten neu gemischt werden. Ich brauche immer ein Ziel, denn ich bin so ein Typ, der schwer alle fünfe gerade sein lassen kann. Erst mal schauen – erstes, zweites, drittes Studium –, dafür war ich nicht gemacht. Außerdem war mir bis dahin eine exzellente Ausbildung als Eiskunstläufer zuteilgeworden und es war sonnenklar, dass ich neben der Ausbildung ein Zeitfenster brauchte, um weiter zu trainieren. Jeden Tag wollte, musste ich aufs Eis. Infrage kam schließlich eine Ausbildung zum Einzelhandelskaufmann mit theoretischer und praktischer Ausbildung. Und das im Konsum. Wirklich! Groß und blau leuchteten die Buchstaben von der Fassade des Gebäudes. Ganz schön verrückt, dachte ich, vom Sportstudium zum Verkäufer in einer Konsumfiliale. Anfang September 1990 trafen wir vier, fünf junge Menschen uns in einer Kaufhalle und los ging es mit der Lehre. Man wies die wesentlich jüngeren Kerlchen und mich dort erst einmal ein und in der Folge stand ich das erste Jahr in einem kleinen Eckkonsum im Chemnitzer Beimler-Gebiet. Ein „Tante Emma"-Konsum, 30 Quadratmeter klein, im Keller gelegen. Dort absolvierte ich meine praktische Ausbildung und wurde Teil eines guten kleinen Vier-Mann-Teams. Früh um fünf heizte ich den Ofen der Filiale, damit der Verkaufsraum einigermaßen überschlagen war, und 14 Uhr war Schluss für mich. Ich konnte trainieren gehen. Das war eine gute Zeit, auch wenn ich aufstehen musste, wenn der Tag gerade erst müde aus der Wäsche blinzelte. Ich wusste, das gehörte dazu und würde zudem nicht bis in alle Ewigkeit so weitergehen. Da ich Abitur und schon ein paar Semester studiert hatte, verkürzten sich meine Lehrjahre von drei auf zwei und so war das Ende ohnehin absehbar. Irgendwann würde mein Wecker für mich auch wieder später klingeln.

Letztendlich hatte ich alle theoretischen und praktischen Prüfungen der Industrie- und Handelskammer in der Tasche. Ganz nebenbei erschloss sich mir auch ein Kapitel aus der Entwicklungsgeschichte des Konsums, der sich damals in extremer Veränderung befand. Vom kleinen Konsum ging es für mich in den

Supermarkt und dann doch wieder zurück in die kleine Filiale. Im zweiten Jahr lernte ich also in einem großen Markt mit strenger Chefin. Es fiel mir schwer, ihr wirklich etwas recht zu machen. So lernte ich einmal mehr, dass immer wieder Menschen unsere Wege kreuzen, mit denen man nicht wirklich gut harmoniert, aber zurechtkommen muss. Zwischen uns stimmte wohl einfach die Chemie nicht. Ich gab mir Mühe, mich etwas zurückzunehmen, denn mein Temperament ließ mich reden, wie mir der Schnabel gewachsen war. Meine Sportler kennen das zur Genüge und ich bin mir ganz sicher, es macht sie nicht immer glücklich. Einmal wurde ich damals, 1991/92, in diesem Markt sogar zur Strafarbeit verdonnert. Für eine Woche sollte ich jeden Morgen die Rampe kehren. Man bedenke, ich war ein fast 26-jähriger Lehrling, ein junger Mann! Während heute junge Männer nicht selten schon Mitte zwanzig sind, wenn sie erstmalig in die Arbeitswelt hineinschnuppern, galt ich damals als Exot in der Lehrlingsgruppe. Mit dem festen Vorsatz, die Lehre zu Ende zu bringen, stellte ich mich dieser liebenswerten kleinen Zusatzaufgabe „Rampe reinigen". Der Zufall wollte es, dass genau eine Etage über der Rampe ein Zigarettenautomat von reichlich Kundschaft aufgesucht wurde. Eine Diskothek sorgte an jedem Wochenende für Stimmung in den oberen Räumen und beim Münzeneinwerfen am Automaten verfehlte zu später Stunde so manche D-Mark den Geldeinwurf und landete auf der Rampe, die ich allmorgendlich kehrte und vom Kleingeld „befreite". Und so hat nicht nur jede Münze zwei Seiten, sondern eben auch jede andere Angelegenheit.
Bis dahin hatte ich schon die verschiedensten Arbeiten erledigt: Flaschen putzen, Obst einsortieren, an der Käsetheke aufs Gramm genau Käse am Stück abtrennen. Was für ein Hochgefühl: „Ich hätte gern 150 Gramm Emmentaler!" – abgeschnitten, auf die Waage gelegt und 149,5 Gramm abgesäbelt! Das

ringt mir heute noch Bewunderung ab, wenn ich so geschickt bedient werde. Abenteuerlich war auch der Kassendienst. Den Preis für jedes Lebensmittel hatten wir im Kopf – von wegen Scanner! Jedes Stück Butter, jeden kleinen Schokoriegel preisten wir aus und tippten ihn bei jedem Kunden einzeln in die Kasse. Mir war das ein guter Ausgleich zu meinen Trainingseinheiten. Ganz abgesehen davon lernte ich die Buchhaltung kennen und erfuhr viel über Lebensmittel. Wie lange sind sie haltbar? Was ist drin? Ein Umstand, der später sowohl mir als auch meinen Sportlern half.

Nach zwei Jahren nannte ich mich also Einzelhandelskaufmann. Ich besaß einen soliden Berufsabschluss, mit dem überall etwas anzufangen war.

Verrückt war an der ganzen Sache, dass ich mitten in meinem Aufstieg zum Chemnitzer „Spitzen-Konsumverkäufer" auf dem internationalen Eis mit Mandy Wötzel Vizeweltmeister wurde! Ich will später in einem Extrakapitel von jener umfassenden Zweisamkeit erzählen.

Man stelle sich vor, Montag an der Kasse im Konsum das Wechselgeld herausgegeben und Samstag im schillernden Dress die Silbermedaille bei den Weltmeisterschaften im Paarlaufen erkämpft. Als das im Supermarkt bekannt wurde, gratulierten mir die verwunderte Chefin und meine Kollegen. Ich glaube, sie sahen mich von da an mit anderen Augen und zollten mir Respekt.

Manchmal schaue ich heute meinen dreizehnjährigen Sohn Hugo an und versuche, in seine Zukunft zu sehen; ich bin neugierig auf seine Wünsche. Was wird er einmal wollen? Wenn wir davon ausgehen, dass unsere Talente und Neigungen schon bei unserer Geburt angelegt sind – wie und wo findet er einmal Erfüllung und Glück? Ich bin ganz vorsichtig und will ihn nicht bedrängen, damit alles aus ihm selbst erwächst. Ich will geduldig bleiben, bis er seine ersten wichtigen Entscheidungen trifft.

Bundeswehr

Ich hatte zu diesem Zeitpunkt, nach Abschluss meiner Lehre, noch einmal eine andere Perspektive ins Auge gefasst. Von irgendjemandem hatte ich von Sportfördergruppen der Bundeswehr gehört. Diese Gruppen existierten in den alten Bundesländern schon über Jahrzehnte, nur im Osten waren sie noch nicht etabliert und man begann gerade erst, sie ins Leben zu rufen. Mithilfe der Gruppen unterstützt die Bundeswehr erfolgreiche Sportler, indem sie ihnen eine finanzielle Basis schafft. Wenn ich Teil einer solchen Fördergruppe würde, könnte ich trainieren, ohne parallel dazu als Verkäufer arbeiten zu müssen.

Ich erfuhr, dass in Halle eine solche Fördergruppe aufgebaut werden sollte und bewarb mich dort für den ganz normalen Dienst bei der Bundeswehr – in der Hoffnung, die kleine Spezialeinheit würde tatsächlich irgendwann entstehen und ich könnte Teil derselben werden. Ich wusste, dann würde es mir leichter fallen, gleichzeitig zu trainieren und vernünftig zu existieren. Also reichte ich alle nötigen Unterlagen ein, musste einen Sonderantrag stellen, denn ich war schon älter als 25, und so konnte für mich nur eine bestehende Ausnahmeregelung greifen; kurz darauf wurde ich Soldat der Bundeswehr.

Montagfrüh um vier zog ich in Chemnitz los und schob bis Freitagnachmittag in Holzdorf bei den Fliegern Dienst in der Grundausbildung. Dann sauste ich zurück, denn Mandy Wötzel und ich hatten zu diesem Zeitpunkt schon begonnen, zusammen zu trainieren und hatten jeden Freitagabend ein „Date" in der Eishalle, ebenso am Samstag und Sonntag. Die Wochenenden gehörten komplett unserem Training, Ausnahmen erlaubten wir uns kaum. Ein Vierteljahr mit Stress ohne Ende verging auf diese Art und Weise, aber ich wusste ja wofür. Im Sommer 1993 war es so

weit – gemeinsam mit Hauptfeldwebel Zimmer als Vorgesetztem, der Schwimmerin Silke Otto und mir wurde in Frankenberg eine Sportfördergruppe der Bundeswehr aufgebaut. Ich bekam einen Dienstplan und konnte trainieren. Acht bis zwölf Wochen im Jahr absolvierten wir Sportsoldaten dort einige Lehrgänge, frischten sozusagen unser militärisches Wissen auf und konnten den Rest der Zeit frei von finanziellen Sorgen trainieren. Die ersten Jahre erhielt ich nur den Wehrsold, als Gefreiter wurde es ein wenig mehr und zwei, drei Jahre später, ich war inzwischen Zeitsoldat geworden, ging es mir finanziell sehr gut; ich bekam ein vernünftiges Gehalt und konnte in Ruhe trainieren.
Ich blieb sechs Jahre Sportsoldat der Bundeswehr, wurde 1998 nach den Olympischen Spielen in Nagano verabschiedet und startete meine Profikarriere.

Exakt zur gleichen Zeit

Für mich hat sich auf andere Art und Weise Jahre später mein Wunsch erfüllt, mit Menschen zu arbeiten. Mit vier Semestern Sportstudium und einem riesigen Schatz an Erfahrungen startete ich mehr oder weniger autodidaktisch in meine Trainerlaufbahn: Ich setze meine Ideen um, gerade so wie ich es will und kann. Etwas Besseres konnte mir aus heutiger Sicht kaum passieren.
Manchmal fragt man mich, ob meine Eltern nicht meine größten Fans seien. Nein, eigentlich nicht. In all den Jahren waren sie keine Fans, sondern zu 100 Prozent meine Eltern. Mein Vater konnte mich beispielsweise nie laufen sehen, wenn Wettkämpfe anstanden. Ihm wurde schlecht vor Aufregung, deshalb wartete er draußen vor der Halle. Übertrug man die Entscheidungen im

Fernsehen, saß er in der Küche, drückte mir die Daumen und lauschte später den Kommentaren meiner Mutter, die alles genau verfolgt hatte. Heute sind meine Eltern wieder drin in der Geschichte mit Aljona und Robin. Wieder verlässt mein Vater das Zimmer, um sein Herzklopfen einzugrenzen. Beide sind wieder Feuer und Flamme. Unsere Familie war immer mein größter Halt.

Mir gelang Gleiches leider nicht. Unsere kleine Familie zerbrach und mein Sohn lebt bei seiner Mutter. Wir zwei Erwachsenen bleiben für ihn sein Elternpaar, darin sind wir uns einig. Sooft es geht, verbringe ich Zeit mit ihm. Ich hoffe, ich kann mir sein Vertrauen auch in den kommenden Jahren erhalten. Sein Fels in der Brandung sein für immer, das wäre schön.

Zunächst wünsche ich ihm, dass er die Schule gut hinbekommt. Er muss nicht der Beste sein, aber er soll gut zurechtkommen. Für die Naturwissenschaften braucht er allerdings einen anderen Nachhilfelehrer als seinen Vater. Er soll gesund bleiben und viel Freude haben. Keine geschenkte, hingegebene Freude, sondern selbst erarbeitete. Kämpfen soll er lernen.

Mein Sohn soll wissen, dass sein Vater und seine Mutter immer die stabile Basis sein werden, die er braucht, um durchs Leben zu kommen. Genauso wie meine Familie immer zur Stelle war, als ich sie brauchte. Ich habe viel gelacht in meiner Kindheit und eine Menge Spaß gehabt. Das will ich nicht missen. Aber danach gefragt, ob ich mir Gleiches für meinen Sohn wünsche, kann ich nur mit einem klaren „Nein" antworten.

Foto: Markus Seidel

Ich erinnere mich noch gut an jene Zeit, in der sich die Prioritäten in meinem Leben noch einmal neu fanden. Als Hugo auf die Welt kam, stand mein 37. Geburtstag bevor. Da waren wir gerade mit „Holiday on Ice" in Berlin, meine Freundin und ich wohnten damals zusammen in der Hauptstadt. Natürlich hatten wir schon ein Krankenhaus ausgesucht, um nichts dem Zufall zu überlassen. In besagter Woche lief ich jeden Tag Doppelshows mit unserem Programm. Abends war ich völlig ausgepowert. Dann, am Samstag, standen drei Durchläufe auf dem Programm – 9, 14 und 19 Uhr. Für den Sonntag galt der gleiche Zeitplan.

Am späten Samstagabend kündigte sich unser Sohn an; ich telefonierte völlig aufgelöst mit dem Krankenhaus und teilte dort mit, dass mir die Fruchtblase geplatzt wäre! Die Schwester in der Aufnahme des Krankenhauses nahm mich trotzdem ernst. Wir fuhren sofort los und ich befand mich wohl in der gleichen Verfassung wie jeder Mann in dieser Situation: hilflos, überfordert und trotzdem gut funktionierend.

Turbulente sieben Stunden später kam 6:35 Uhr unser Sonntagskind zur Welt; zur gleichen Uhrzeit wie 37 Jahre zuvor sein Vater. Ich hielt ihn im Arm, wenige unbeschreibliche Minuten lang – und fuhr dann zur ersten Sonntagsvorstellung in die Eishalle. Vor ausverkauftem Haus liefen meine Partnerin Mandy Wötzel von rechts und ich von links aufs Eis und wir glitten nach vorn. Nie kann ich diesen Augenblick vergessen und niemals habe ich einen schöneren Morgen erlebt. Mein Sohn war auf die Welt gekommen und mit diesem Wahnsinnsgefühl stand ich da, nach durchwachter Nacht mit einer Energie, die von irgendwoher aus dem Universum zu mir kam. Für einen winzigen Augenblick stand

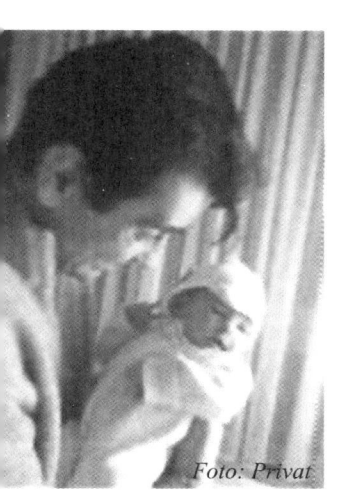

Foto: Privat

ich ganz still und bedankte mich für dieses große Geschenk. Ich erlebte diesen glückseligen Sonntag wie in einer Wolke.

Danach veränderte sich alles für mich, der kleine Knopf wurde zum Zentrum meines Universums. Aber ihm eine Jugend wie meine wünschen? Obwohl ich alles wieder genauso machen würde, wünsche ich es mir für meinen Jungen anders. Alles erleben, was mir geschah und wie es mir ergangen ist – nein. Sein Leben soll mehr Leichtigkeit haben, ohne dass er bequem wird. Mehr Heiterkeit, weniger Druck. Ich will sein Lachen hören, wenn ich mit ihm zusammen bin, sooft es geht.

Es wünscht sich wohl jeder für sein Kind, dass es glücklich ist, weil es jeden Vater, jede Mutter selbst glücklich macht. Ich denke, wenn Kinder nicht glücklich werden, finden deren Eltern auch kein Glück.

Wenn ich mit meinem Jungen zusammen bin, denke ich oft an mein Kinderleben, das so komplett anders verlief. So viel Ernst und Reglement. Zu wenig Zeit für unbeschwertes, einfaches Dasein. Bei allem Erfolg und in dem Wissen, dass ich aus mir selbst heraus immer ehrgeizig getrieben war, kam doch die Unbeschwertheit zu kurz. Ein wenig mehr Entspannung hätte mir sicher nicht geschadet und mir vielleicht schon in jungen Jahren etwas mehr Gelassenheit geschenkt. Manchmal denke ich, das hängt mir heute noch an.

Der Ernst des Lebens kommt früh genug. Wie mein Junge einmal leben wird, wo er seinen Platz findet, das ergibt sich aus seinem ureigenen Weg. Ich versuche ihm zu vermitteln, dass man im Leben nur sehr selten etwas geschenkt bekommt und für alles kämpfen muss. Ob mir das gelingt, weiß ich nicht. Bei meinen Sportlern gelingt mir das meist, aber meinem Sohn kann ich nur Vater, nicht Trainer sein. Vielleicht habe ich das Glück, dass wir uns nie aus den Augen verlieren. Ich möchte mein ganzes Leben lang an seiner Seite sein; mal von Nahem, mal aus der

Foto: Markus Seidel

Ferne zuschauen. Ich verfolge seine Entwicklung sehr aufmerksam und bin gespannt, wie er durch die Jahre gehen wird, während denen er alles kompromisslos selbst ausprobieren muss. Stehen mir dann die Nackenhaare zu Berge? Ob ich ihn dann immer noch verstehen kann? Hört er mir dann immer noch zu? Wir werden sehen.

3. Kapitel
Erfolg erfordert harte Arbeit

Ich will sehen, wie du läufst

Ich weiß es noch, als ob es gestern war: Fünfjährig stand ich zum ersten Mal auf dem Eis. Die Halle, die Trainerin, alles stürzte, rauschte ganz ungewohnt auf mich ein. Hinter der Bande standen meine Eltern und schwitzten für mich mit. Laufen sollte ich.
„Lauf", sagte die fremde Frau, die für lange Zeit meine Trainerin werden sollte. „Lauf und halte dich auf den Beinen – ich will sehen, was du kannst!"
Ich rang dem Eis mit Leichtigkeit ein erstes Stehen und ein vorsichtiges Gleiten ab. Das fühlte sich gut an. Das fühlte sich sehr gut an! Lag es daran, dass ich seit einiger Zeit auf Rollschuhen durch unsere den Rasen begrenzenden Straßen flitzte? Oder daran, dass in mir ein Bewegungstalent schlummerte?

Foto: Privat

Jedenfalls, der erste Versuch auf dem Eis fühlte sich großartig an wie Musik. Dann stolperte ich und fiel zum allerersten Mal aufs Eis. In diesem Augenblick liefen plötzlich wildfremde Mädchen und Jungen, sich eigenartig einig, im Kreis um mich herum und ließen mich nicht mehr durch. Kichern, Lächeln, Schadenfreude. Nun – damit, dass Kinder grausam sein können, haben wir alle im Laufe unseres Lebens Bekanntschaft gemacht. Da meinte ein anderer kleiner Steppke, er könne das viel besser als ich. Seit dieser Erfahrung weckt alles, was aussichtslos scheint, zu jeder Zeit meinen Ehrgeiz. Selbstmitleid ist nicht meine Stärke. Ich stand auf, putzte mir den Eisstaub von der Hose und dachte: „Denen zeigst du's!" Und ich zeigte es ihnen. In dieser Eishalle in Chemnitz, gleich in der Nähe der Autobahnauffahrt Chemnitz Mitte, habe ich fast 40 Jahre lang trainiert. Hinter dem kleinen Wäldchen führt ein Weg entlang zur Eissporthalle. Hier habe ich mein blaues Rad der Marke *Diamant* an die Hallenwand gelehnt und diese nach dem Training mit der Stirn berührt. Mich abgekühlt, obwohl ich aus der Kälte kam. Viel hat sich nicht verändert. Gleich nach der Wende wurde das Dach der Halle erneuert. Sobald genügend Geld zusammengekommen war, erhielt die Halle neue Heizungen und Eisleitungen. Ansonsten blieb beinahe alles beim Alten. Die Umkleideräume, in denen es immer noch riecht wie in allen Umkleiden der Welt. Und da ist diese ganz spezielle Kabine, die einst Katarina Witt gehörte und in der dann Mandy Wötzel und ich unser Domizil hatten. Für einige Jahre war es ein kleiner Klassenraum, den vor drei Jahren Aljona Savchenko bezog; wer weiß, wen er in den kommenden Jahren noch beherbergen wird. Von den neu gebauten Tribünen überblickt man wie eh und je die Eisfläche. Nichts entzieht sich deinem Blick. Die Tafel, an die Termine, Zeitungsartikel und wichtige Informationen zum Trainingsalltag gepinnt werden, hängt immer noch.

Foto: Privat

Die Halle von heute unterscheidet sich kaum von ihrer früheren Beschaffenheit. Ich erinnere mich noch ganz genau, denn die Trainingshalle wurde mein zweites Zuhause.

In der Gruppe der kleinen Eisknirpse startete ich in die Welt des Eiskunstlaufs. Ich lief meine Runden vorwärts und lernte übersetzen, vorwärts und rückwärts. Vieles eigneten wir uns spielerisch an, bildeten zwei Riegen und flitzten um die Wette von einer Bande zur anderen. Wir probierten die ersten Pirouetten und versuchten, bei jeder Umdrehung einen ganz bestimmten Punkt zu fixieren. Wem es schwerfällt, beim Laufen verschiedene Bewegungen miteinander zu koordinieren, gewinnt beim Eiskunstlaufen keinen Blumentopf. Also lagen wir anfangs, zack, ständig auf unseren kleinen Hintern. Wir schwebten in der Waage übers Eis, solange wir konnten, und probten „Kanone" und „Storch". Wochenlang übten wir, auf einem Bein zu laufen. Wir zogen erste Schlingen, wagten die ersten, klitzekleinen Sprünge. Dann liefen wir nach Musik und sehr viel später präsentierten wir uns in ersten Wettkämpfen.

Foto: Privat

Körperlich brachte ich gute Voraussetzungen mit: Meine Arm- und Beinlängen befanden sich in der richtigen Proportion. Ich war nicht zu groß, nicht zu klein, weder zu schwer noch zu leicht. Meine Muskeln spielten gut mit und wuchsen, wie es sich gehörte. Ich war ein wendiger und athletischer Bursche mit der richtigen Portion Robustheit. So nahmen die Dinge ihren Lauf. Bald standen erste Leistungsvergleiche an. Normen mussten erfüllt werden, um weiter trainieren zu können. Im Eiskunstlauf heißt es ja leider nur Hop oder Top; ich schaffte es meist erst im letzten Anlauf, die „Aufstiegsläufe" gerade noch zu bestehen. Andere nicht.

Es dauerte zwei Jahre und ein halbes dazu, dann blieben von der ersten Eislaufgruppe ganze vier Kinder übrig. Nur zwei Mädchen und zwei Jungen konnten mit den gestiegenen Anforderungen mithalten, die anderen schieden aus. Die Prüfungen hatten es von Jahr zu Jahr mehr in sich. Anfangs mussten wir vorgezeichneten Runden und Schlaufen folgen, später kamen komplizierte Figuren dazu und verschiedene Sprünge: erst einfacher Lutz, dann doppelter; einfacher Toeloop und später der ganze Spaß doppelt gesprungen.

Nur dank der Eltern und Großeltern war das Training in jenen ersten Jahren überhaupt möglich. Schließlich brachten sie uns zum Training und holten uns auch wieder ab – und nicht alle besaßen ein Auto! Sie schnürten uns die Schlittschuhe zu und halfen uns in unsere Trainingsklamotten hinein.

Foto: Privat

Und genau wie beim Fußball stand während jedes Trainings eine ganze Horde Trainer hinter der Bande. Alle Mütter und Väter nahmen zwangsweise enormen Anteil an unserem jungen Sportlerleben; natürlich machten sie sich ihr Bild und fachsimpelten. Sie beobachteten ihre Sprösslinge und verglichen deren Chancen mit denen der anderen. Bald trainierten wir Knirpse ja immer ernsthafter und auch für unsere Eltern spielte nicht mehr nur die Logistik eine große Rolle.

Unsere Mütter schneiderten uns die Kostüme, als es mit den Leistungsvergleichen losging und die ersten größeren Wettbewerbe bevorstanden. Aus dunkelblauem Silastik entstand für mich ein toller Anzug. Dann schwebten wir kleinen Wichte scharf beäugt übers Eis. Ich habe den Eindruck, dass das geplante Training, mit Athletiktests, Ballett- und Eistests damals viel umfangreicher war als heute. Natürlich auch weil der Sport vor 30, 35 Jahren im Osten Deutschlands eine ganz andere Bedeutung besaß. Mit ihm konnte man dem grauen Alltag entfliehen. Hier sahen wir die Welt- und Europameister im Training hautnah auf dem Eis und wurden immer wieder angestachelt, uns zu recken und zu strecken. Wir hatten immer unsere kleinen Ziele und mussten bestimmte Normen erfüllen, um dann irgendwann festzustellen, dass wir Blut geleckt hatten und wirklich dabei waren. Im Vergleich mit anderen jungen Eiskunstläufern aus der ganzen Welt begriffen wir, dass wir infolge der strengen Ausbildung und auch der zahlreichen jährlichen Leistungstests etwas auf dem Kasten hatten.

Foto: Privat

Von Pflicht und Spiel

All die Jahre dort verbrachte ich gemeinsam mit Nils – dem Jungen, der, als ich in die Trainingsgruppe einstieg, sehr froh war, endlich einen kleinen männlichen Sportler neben sich zu wissen. Fast zehn Jahre sollte man uns zusammen trainieren sehen. Und nicht nur das! Wir verzapften jeden nur vorstellbaren Unsinn, übertrafen einander mit unseren Vorschlägen. Wir sorgten dafür, dass unsere Übungsleiter uns immer gut im Auge haben mussten. Max und Moritz auf dem Eis! Und wenn wir keinen gemeinsamen Streich ausheckten, nahmen wir Kobolde uns gegenseitig ins Visier.

Später waren wir zwei leistungsorientierte Jungen, die begabt genug waren, um zu guten Einzelläufern heranzuwachsen. Wir liefen miteinander übers Eis, folgten gemeinsam den Anleitungen der Trainer und hielten verschworen zusammen, wenn wir, nun 12-, 13-, 14-jährig, versuchten, uns gegen sie aufzulehnen. Als gleichaltrige Platzhirsche stritten wir damals auch viel miteinander. Man darf davon ausgehen, dass es unsere Trainer wahrlich herausforderte, uns beide an der Leine zu halten und unsere Streitereien zu schlichten. Ich will gar nicht wissen, wie viele Nervenstränge wir Streithähne damals kappten.

Vielleicht hätten es uns andere pädagogische Methoden leichter gemacht, Schule, Eislauf und Pubertät miteinander zu verbinden. Vielleicht würde heute manches anders laufen. Aber vielleicht auch nicht, denn Jutta Zickmantel, meine erste Trainerin, und der von uns allen so geschätzte Peter Meyer gaben sich wirklich große Mühe. Es kann gut sein, dass ich unter heutigen Trainingsbedingungen gar nicht so weit gekommen wäre. Ich weiß es nicht, denn ich trainiere fast ausschließlich Erwachsene. Mancher Trainer kann trotz allem Übungspensum sehr herzlich sein. Ein anderer bleibt kühl und eher unverbindlich.

Ich weiß, dass man mit Kindern und Jugendlichen besonders einfühlsam und geschickt arbeiten muss. Sollte ich jemals eine Rasselbande kleiner, frecher Jungs unterweisen, werde ich versuchen, mich an mich zu erinnern. Monika Scheibe zum Beispiel macht das heute sehr gut in Chemnitz. Die Kinder mögen und achten sie. In dieser Mischung trainiert es sich angenehm und vor allem erfolgreich.

Doch wen wundert's, dass junge Burschen, die täglich Gewichte stemmten, Ausdauerläufe schrubbten und auf dem Eis ausgebildet wurden, den Regeln mal trotzen wollten? Also „überraschten" wir unsere Betreuer immer wieder, indem wir Absprachen schlichtweg übersahen. So selbstverständlich sich mir das aus heutiger Sicht darstellt, so sehr brachte es mich damals in Schwierigkeiten. Dabei haben wir einfach nur Blödsinn gemacht; obwohl wir auf dem Eis tanzten, blieben wir doch die Löwenjungen, die wahlweise anderen oder sich gegenseitig die Tatzen immer mal wieder ins Fell krallen mussten.

Aber nicht nur mit Nils trieb ich Schabernack. Ich erinnere mich an einen Lehrgang. Zwölfjährig, schliefen wir in diesen Tagen im „Chemnitzer Hof" und brauchten nach all der grauen Theorie unseren Auslauf. Das Zimmer, das ich damals mit Alexander König teilte, lag über einem Taxistand, und mit großer Freude und außerordentlichem Geschick feuerten wir Wasserladungen auf die Wartenden. Wir besaßen Augenmaß und Durchhaltevermögen – bis ein Taxifahrer, der uns zuvor mehrfach drohte, dafür sorgte, dass wir in der Hotellobby landeten. In unseren Schlafanzügen standen wir dort, das Portemonnaie in der Hand, um unsere Schulden zu begleichen, und erwarteten das Abstrafen. Aber nichts geschah; wir wurden nur verwarnt.

Nils und ich verbrachten fast unsere gesamte Eislaufjugend zusammen. In unserer Gruppe wechselte zwar die Anzahl der Mädchen, mal waren es zwei, mal drei. Wir beide aber blieben die männlichen jungen Hoffnungsträger. Mal Rabauken, mal freundliche Schlingel, immer etwas im Hinterstübchen aushekend. Keinem Trainer fiel es leicht, uns zwei Jungs zu bändigen. Wir mussten dem streng durchgeplanten Alltag unsere Frechheiten entgegensetzen, um ihn zu ertragen. Früh 8 Uhr begann das Pflichttraining in der Eishalle. Nils und ich trafen uns eine Stunde früher im davor gelegenen Wald. Eine kleine Höhle war unser Paradies. Dort schenkten wir uns ein Stückchen ganz normale Kindheit und übernahmen die Hauptrollen unserer Geschichten. Der eine gab den Räuberhauptmann, der andere den wilden Jäger; unser Wäldchen wurde zum Wald, in dem Robin Hood zu Hause war. Für eine kurze Zeit versanken wir ins Spielen wie alle Jungen auf der Welt in diesem Alter.

Dann begannen jeden Morgen zwei Stunden Pflichttraining. Ödes, sterbenslangweiliges Üben. Zwei Stunden lang liefen wir nur Schlingen und Kreise, absolvierten „Dreier" und lernten, uns abzustoßen ohne nachzustoßen. Über diese monotonen Wiederholungen erlernten wir das ABC des Eiskunstlaufens. Das sogenannte Kantenlaufen, das heute nicht mehr intensiv geübt wird und damit keine abrufbare Fertigkeit der Eiskunstläufer mehr ist. Ich als Trainer bedaure das sehr. Der Wechsel von Einwärtskante auf Auswärtskante und umgekehrt muss ja beherrscht werden, wenn man als Läufer Schritte auf dem Eis macht.

Jüngere Sportler, wie beispielsweise Aljona, haben diese Schule nicht durchlaufen und kennen viele Begriffe wie „Gegenwende" und „Gegendreier" nicht. In meiner Jugend gehörte das zum Einmaleins des Eiskunstlaufens. Maximal zogen damals sechs Sportler ihre Kreise auf dem Eis, jeder an seinem Ort. Mehr konnten in einer solchen Übungseinheit nicht zusammen trainieren. Damals war das kein Problem, denn das Eis „kostete" nichts; heute schlägt der Zwang zur Effizienz zu. Für Trainer sind solche Übungsstunden einfach unrentabel.

Wir hatten in der DDR immer gute Pflichtläufer, Anett Pötzsch war eine von ihnen. Von ihr konnten wir uns viel abschauen, doch für uns war es furchtbar stumpfsinnig! Eine Stunde lang übten wir die Figur „Paragraph" oder den großen Kreis-Auswärtsdreier. Danach schlängelten wir die Schlinge, heute Rückwärts-Einwärtsschlinge, morgen die Schlangenbogenschlinge. Oh je, wenn ich daran zurückdenke! Und das jeden Tag und für ein paar Stunden, das war schrecklich!

Natürlich haben Nils und ich uns zu diesem Pflichttraining etwas ausgedacht.

Ich weiß nicht, ob es die Pflichtschiene heute überhaupt noch gibt, diese besondere Kufe am Schlittschuh, die nur eine Zacke nach oben, zum Abstoßen besaß. Zum Bremsen war keine Zacke da. Im Gegensatz zur Kürschiene, die Zacken nach unten besaß, um vor dem Springen bremsen zu können. Wir besaßen also verschiedene Trainingsschuhe, Kürschuh und Pflichtschuh. Mit jedem kompletten Paar ließ es sich gut laufen – doch wie wäre es eigentlich, wenn wir mal links den Pflichtschuh und rechts den Kürschuh anlegten? Müsste doch lustig werden, dachten wir, weil man auf diese Art überhaupt nicht laufen, sondern maximal stolpern könnte. Ja, das müsste wirklich sehr, sehr lustig werden! Gedacht, getan, mit verschiedenen Schuhen zum Pflichttraining aufs Eis. Nils wandte sich als Erster an unseren Trainer Peter Meyer. Er käme nicht zurecht, hätte wohl verschiedene Schuhe an! – Nils durfte zum Schuhwechsel in die Kabine. Als ich einige Minuten später mit der gleichen klugen Bemerkung kam, hatte Meyer Lunte gerochen und bemerkte nur, dass ich dieses bedauerliche Missgeschick, diesen unglaublichen Zufall, der auch mir passiert sei, nun leider ausbaden müsse. Na ja, da war ich wieder einmal zweiter Sieger und stolperte bis zum Trainingsende wie ein betrunkener kleiner Bär übers Eis.

Es gab noch eine weitere Möglichkeit, die Pflichtübungen ein wenig zu reduzieren. Bevor wir begannen, unsere Kreise und Schlingen zu laufen, ritzten wir die Übungselemente selbst ins Eis. Mittels eines riesigen Holzzirkels – heute wird dafür ein Zirkel aus Metall genutzt – zeichneten wir sie uns auf die spiegelglatte Fläche.

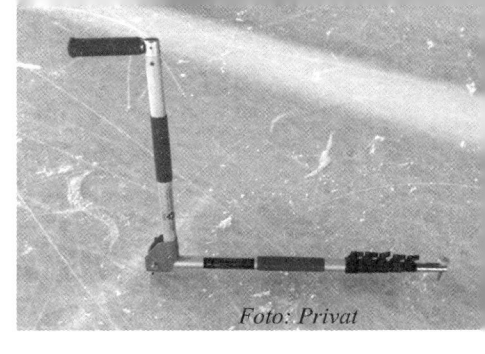

Später, bei der Pflicht, mussten wir ohne diese Vorgaben dreimal so genau wie möglich die geforderten Figuren nachlaufen. So manchen Eiskunstläufer machte die Abschaffung der Pflicht bei den Wettkämpfen überglücklich. Für Kati Witt beispielsweise war es wunderbar! Ihr lag die Kür viel mehr. Manche, unter anderem Jan Hoffmann, beherrschen sowohl Kür als auch Pflicht sehr gut.

Foto: Privat

Der ostdeutsche Spitzeneiskunstläufer, vielfache DDR-Meister, Vize-Europameister, Vize-Olympiasieger und Weltmeister Jan Hoffmann mit seiner Trainerin Jutta Müller. (Foto: Friedrich Gahlbeck)

So nahmen wir das Vorzeichnen mit dem Zirkel sehr genau! Wir mussten schließlich Zeit schinden, fuhren gleich dreimal mit der Zirkelspitze im Kreis herum und ließen uns dabei so viel Zeit wie möglich – bis es den Trainern zu weit ging. Manchmal bestritten Nils und ich nur zu zweit eine solche Einheit und dann ließen wir unter großem Gejohle die Hölzer übers Eis schlittern, bis sie an die gegenüberliegende Bande krachten. Unsere Trainer gönnten uns die Abwechslung; nur wenn es gar zu schlimm wurde, zogen sie uns an den Hörnern.

Dazwischen bestritten wir unser altersgebundenes Aufstiegslaufen in regelmäßigen Wettkämpfen. Wir liefen unsere Pflichtfiguren, um danach die Kür vor der Kommission zu laufen. Ich erinnere mich, dass ich einmal in der Dresdner Eishalle die Norm meiner Altersklasse erfüllen musste. Meine Eltern kamen später aus Chemnitz hinterher und wurden mit der Frage empfangen, wo denn ihr Sohn stecken würde.

Völlig aufgelöst suchte uns eine Schar Erwachsener. Sie fanden uns in der neben der Halle gelegenen Kiesgrube, glücklich spielend, in völlig verschmierten Küranzügen. Jeder weitere Leistungsbeweis hatte sich an diesem Nachmittag für uns erledigt.

Generell gelang es mir immer erst recht spät, die Norm zu erfüllen, da mir die Pflichtaufgaben Probleme bereiteten. Entweder schob ich mich mehr ab, als erlaubt war, oder ich lief die Kreise ungenau, mit meinen Gedanken sonst wo, nur nicht bei den monotonen Übungen. Trotzdem oder gerade deshalb wurde ich mehrere Male Spartakiade-Sieger. Man kann die Spartakiade mit einer Mini-Olympiade im eigenen Land vergleichen. Diese Siege flogen mir mehr oder weniger zu, da ich zu den Älteren meiner Gruppe gehörte, während meine Altersgenossen im Gegensatz zu mir die höhere Normstufe schon erreicht hatten und während der Spartakiade auch mit strengeren Maßstäben gemessen wurden.

Manchmal, wenn wir zum Pflichttraining mussten, stiegen wir absichtlich in den falschen Bus, der uns von der Schule – natürlich ganz aus Versehen – nicht in die Eishalle, sondern in die entgegengesetzte Richtung fuhr. Jede Minute, die wir uns drücken konnten, war uns ein Gewinn. Auch der Zigarre rauchenden, streng polternden Pförtnerin spielten wir manchen Streich, spuckten einmal sogar durch ihr Pförtnerfensterchen hinein – um am nächsten Tag einen ordentlichen Anpfiff zu erhalten.

Später kamen weniger lustige Geschichten dazu. Trinkfest starteten wir in Trainingslagern durch – was auch immer wir uns da beweisen mussten. Einmal torkelten wir vom Flaschendrehen direkt in einen Swimmingpool hinein; was konnten wir schließlich dafür, dass die Schnapsflasche ausgerechnet immer wieder vor uns zum Stehen kam?

In meiner Erinnerung leuchten diese „schweren Vergehen" aus dem durchgeplanten Trainingsalltag heraus. Es könnte diese Zeit gewesen sein, in der ich etwas vorsichtiger und schweigsamer wurde. Wie erkläre ich es am besten? Ich war nicht wirklich geschmeidig, tappte in jeden Fettnapf, der zu finden war. Manchen verfehle ich auch heute nicht. Vielleicht isolierte ich mich, von mir selbst unbemerkt, etwas mehr als vorher. Ich zog mich bisweilen gekränkt zurück und schaute von drinnen trotzig auf draußen. Es kann gut sein, dass mich das prägte und ich diese Schwarzer-Peter-Position ein Stück ins Erwachsenenleben mitnahm.

Auf jeden Fall blieben jene heiklen Aktionen nicht unbemerkt, doch man ließ uns gewähren und hatte aus der Entfernung – vielleicht auch ganz aus der Nähe – ein wachsames Auge auf uns. Wir „Goldkufen" bewegten uns in einem großen Freiraum; was wir auch anstellten, wir liefen an der langen Leine.

Schwierigkeiten

In jedem von uns steckte ja zu dieser Zeit ein Stück Hoffnung, das Land einmal im Eiskunstlauf zu repräsentieren. Unser Erfolg würde mit der positiven Außenwirkung des Landes verschmelzen. Jeder von uns Jungs träumte davon, als Einzelläufer einmal eine olympische Medaille zu erringen. Und der Einzellauf stand für uns klar über dem Paarlauf. Waren wir arrogant? Natürlich waren wir das, wir hatten ja auch keine Ahnung, was das Paarlaufen im Eiskunstlauf bedeutete.

Dann kam es für mich zum großen Knall. Um die beiden Jungen zu trennen, die ständig miteinander stritten oder Unsinn anstellten, überlegten die Trainer zuerst, einen von uns beiden ganz vom Eis zu nehmen. Dann zogen sie in Erwägung, Nils oder mich in den Schnelllauf wechseln zu lassen. Das war nicht unüblich; musste sich jemand vom Kunstlauf verabschieden, wechselte er manchmal in diese Disziplin. Mein Vater arbeitete einige Zeit hobbymäßig als Übungsleiter im Eisschnelllauf. Einmal durfte ich mich im Training dazugesellen und kam wirklich gut zurecht. Doch Schnelllauf kam für mich als Alternative zum Eiskunstlauf ganz und gar nicht infrage, zumal ich ja im Grunde meines Herzens noch immer Einzelläufer war.

Es kam ganz anders. Sie steckten den größeren der beiden, also mich, in den Paarlauf. Auch diese Entscheidung ist nachzuvollziehen, denn der Größere machte mit einer Partnerin nicht nur eine bessere Figur; es galt ja auch zu werfen und zu halten und letzten Endes physikalische Gesetze wie zum Beispiel das Hebelgesetz auszunutzen. Tja, der Größere war nun eben ich.

Ich erinnere mich noch heute an den Moment, in dem ich erfuhr, dass ich aus dem Einzellauf raus sollte. Mehr noch, anfangs sollte meine Zeit auf dem Eis gänzlich vorbei sein. Zu sehr aus der Reihe getanzt, hieß es, zu wenig Disziplin. Zu poltrig, unbedacht und laut. Um Haaresbreite hätte ich mit dem Eiskunstlauf bald nur noch ein schönes Hobby gehabt. Nur weil Jutta Müller ganz entschieden intervenierte, durfte ich bleiben – unter der Voraussetzung, dass ich fortan in den Paarlauf wechselte. Und es kann sein, dass nur ihre Fürsprache von damals weite Schatten vorauswarf und mich mit Aljona Savchenko und Robin Szolkowy 2014 nach Sotschi zu Olympia fahren lässt.

Manchmal habe ich das Gefühl, dass damals überall, wo ich auftauchte, Ärger entstand. Machte ich den Menschen um mich herum wirklich das Leben schwer oder hatte ich irgendwann einfach diesen Ruf weg? Konnten sich andere besser ins Licht setzen und war ich schlicht und ergreifend etwas zu schwerfällig, um den Stolpersteinen aus dem Weg zu gehen?

Fürsprecherin Jutta Müller. (Foto: Wolfgang Thieme)

Ich redete eben auch immer, wie ich dachte. Letztendlich ist das immer richtig gewesen, denn ging ich zu weit, habe ich dafür eben Dresche gekriegt.

So will ich auch bleiben. Nicht taktieren. Ich bemühe mich, etwas leiser zu werden, denn manchmal komme ich einfach zu laut daher. Dann hole ich erst einmal Luft und suche bessere Worte, um mich oder etwas zu erklären. Die Jahre haben mich hinsichtlich meiner Ansprüche nicht verändert, ich will keine Kompromisse eingehen und an das, was ich erreichen will, keine Zugeständnisse machen. Anderen Menschen aber muss ich meine Ansprüche nicht mehr „überhelfen". Ich verstehe, wenn sie andere Prioritäten setzen oder ihren Zielen nicht alles unterordnen, so wie ich es tat und teilweise noch immer tue. Dieses Lebensmotto „Alles oder nichts" muss es meinen Kollegen und

meinen Sportlern manchmal sehr schwer gemacht haben, mit mir auszukommen.
Heute verstehe ich vieles besser als früher. Vielleicht, weil ich die halbe Welt durchreist und manchen Menschen getroffen habe, der mich etwas dazulernen ließ. Vielleicht auch, weil ich mitfühle mit dem Ingo von früher, der, sehr jung noch, viel mit sich selbst ausmachen musste.

Zu zweit

Für mich bedeutete es damals fürs Erste, aus dem Einzellauf in den Paarlauf zu wechseln und ein Mädchen an der Seite zu haben. Manuela Landgraf hieß die Zehnjährige, die man für mich ausgesucht hatte, da sie in Körpergewicht, Größe und sportlichem Entwicklungsstand zu mir passen könnte. Mit meinen 14 Jahren durchwanderte ich die Hölle. Ich fühlte mich degradiert. Aus der Traum; der Weltuntergang wäre nicht halb so schlimm gewesen.
An diesem Abend lag ich auf meinem Bett und heulte wie ein Schlosshund. Ich schämte mich, denn der Wechsel in den Paarlauf war für mich ein Abstieg, doch das war nur einer der Gründe.
Die Trainingsgruppe war mein zweites Zuhause. In diesem sozialen Umfeld wuchs ich heran, feierte meinen 10., 12. und 14. Geburtstag. In dieser Gruppe übte ich, mich zu anderen ins Verhältnis zu setzen, denn hier spielte sich meine gesamte Freizeit ab. Ich agierte zwischen Bande und Umkleidekabine, zwischen Trainergespräch und Trainingslager. Mitten unter all diesen jungen Spunden begann ich zu verstehen und zu begreifen, dass wirkliche Freude immer mit einem Sieg über sich selbst zu tun

hat. Zum Beispiel, wenn man den ersten doppelten oder dreifachen Sprung gestanden hat.

Wenn einer den Sprung am Anfang der Trainingsstunde stand, dann wollte der andere das auch können und übte so lange und so intensiv, bis er am Ende der Stunde den Sprung auch draufhatte. Sobald jemand etwas besser beherrschte als der andere, distanzierte er sich von der Gruppe und das Gemeinschaftsgefühl, der Spaß verlor sich für den Moment. Unsere Trainer meinten, auf dem Eis gebe es keine Freundschaft. Uns war nicht klar, was damit gemeint war. Das war es, war einer besser, wollte der andere nachziehen. Mit zehn Jahren stand ich den dreifachen „Salchow", mit elf stand ich den dreifachen „Toeloop" und mit zwölf stand ich den ersten „Axel". Ich lernte, Sprünge so lange zu wiederholen, bis ich den richtigen Dreh raushatte. Den Rittberger mochte ich, der lag mir. Der dreifache „Lutz" fiel mir hingegen schwer. Das ist ein Kantensprung, der von der Rückwärts-Auswärtskante gesprungen wird und mit dem ich nie richtig warm geworden bin. Ich musste ihn immer mehr üben als die anderen.

Im Training begriff ich, dass Enttäuschungen zum Leben dazugehören und dass das nicht das Schlimmste ist. Und, obwohl ich manchmal danebenlag, schätzte und achtete ich meine Übungsleiter, wenn mir auch nicht jeder ans Herz wuchs – wie auch ich nicht jedem gleichermaßen sympathisch wurde. Aber ich begriff, dass jeder seinen Teil zum Ganzen zu leisten hatte.

In der großen Eismanege mussten Sportler, Trainer, technische Mitarbeiter und die Frauen in der Verwaltung einen guten Job machen. Wer nicht zuverlässig war, hatte in diesem Team nichts verloren. So wurde den Damen in der Verwaltung ebenso Respekt entgegengebracht wie dem Masseur.

Wir lernten, dass wir unseren Mädchen die Taschen zu tragen hatten. Wir hielten ihnen die Tür auf und halfen ihnen in die

Jacken. „Kinderstube" sagt man wohl dazu. Das Wort klingt altmodisch, ich weiß. Und ich fühle mich selbst nicht alt genug, um zu lamentieren, aber wir lernten in diesen Jahren, uns zu benehmen. Im Sport kann einer ohne den anderen nicht sein und immer steht das Team über dem Einzelnen. Doch jeder Sportler träumt von olympischem Gold, beäugt die Fortschritte der Trainingskameraden und schielt manchmal nach dem kleinen Vorteil für sich selbst. In diesem Spannungsfeld wuchsen wir heran, Freunde und Konkurrenten. Wir stritten uns und loteten auf dem Eis unsere Grenzen aus.

Weit und bunt war das Terrain nicht, auf dem wir uns austobten, obwohl wir das Eis liebten. Sicher war es nicht immer leicht, mich so anzunehmen, wie ich war. Ehrgeizig und trotzig und dabei bestimmt liebenswert und frech, wie die meisten Jungs auf dieser Welt. Es hätte mir gut getan, angenommen zu werden. Vielleicht fehlten mir ein paar Lausbubensommer auf dem Land, während derer ich den Unsinn für ein ganzes langes Schul- und Trainingsjahr hätte machen können. Herumtollen, schreien, leise sein, lachen und weinen. Wann immer es geht, nutze ich die Gelegenheit und versuche, gemeinsam mit meinem Jungen Unsinn zu treiben und nachzuholen, was ich versäumte.

Unterdessen hatte ich an vielen Spartakiaden teilgenommen. Im Winter 1981/82 richtete Karl-Marx-Stadt, unser heutiges Chemnitz, die Eissportdisziplinen im Rahmen der Winterspartakiade aus. Auf Landesebene nahmen die besten Nachwuchssportler teil. Mit prächtigen Eröffnungsfeiern und viel Show ging es zur Sache.

Die Stimmung war für junge Sportler herrlich, die Atmosphäre gespannt und doch ausgelassen. Für jeden, der teilnehmen konnte, ein Vorgeschmack auf künftige, internationale Wettkampfatmosphäre. Ich sollte in diesem Winter das Spartakiade-Feuer entzünden.

Heute noch erinnere ich mich an diese kalte, fantastische Nacht. Ich lief mit der Fackel die lange Treppe, die nach oben hin immer schmaler wurde, bis zur letzten Stufe hinauf, und entzündete in der Schale das Spartakiade-Feuer. Es fühlte sich großartig an. Für einen Jungen von 15 Jahren, der nur für den Sport lebte, konnte es kein schöneres Erlebnis geben.

Foto: Privat

4. Kapitel
Traum und Wirklichkeit gehen manchmal sehr weit auseinander

Paarläufer - rausgeworfen und doch dabeigeblieben

Nun sahen die Trainer also keine Zukunft mehr für mich als Einzelläufer. Dabei sollte ich noch froh sein, denn, wie gesagt, nur Jutta Müllers Intervenieren war es damals zu verdanken, dass ich überhaupt bleiben durfte: „Der hat Mut, der bleibt!" Noch heute hat die schmale Frau eine stolze, Respekt gebietende Ausstrahlung, doch ist sie für mich inzwischen nahbarer.
Da blieb ich also, aber wo war ich hingeraten?
Ich lebte als Leistungssportler und fand natürlicherweise darin schon früh meine Bestätigung. Im internationalen Leistungsvergleich der gesellschaftlichen Systeme spielte ich meine Rolle, wenn ich mir dessen auch nicht bewusst war. Wir jungen Sportler fühlten aber, dass man unser Streben und Trainieren aufmerksam beobachtete. Trainer und Sportwissenschaftler, Ärzte und Betreuer führten uns durch den Trainingsalltag. Mein Trainingsplan gab fast minutiös vor, was und wie trainiert werden sollte und an welchen Schwachstellen ich zu arbeiten hatte. Das war gut so. Ballett-, Athletik- und Eistests, in diesem geplanten Training steckte auch ein großer Teil unseres Erfolges. Bevor ich aber zum Paarlauf wechselte, hatte man mir ein hal-

bes Jahr Athletiktraining verordnet. Ein Intensivtraining zum Muskelaufbau. Nicht, dass ich bis dahin keine Muskeln gehabt hätte! Trotzdem sah ich aus wie ein Streichholz mit Schlittschuhen unten dran. Im Paarlauf werden an den männlichen Läufer aber ganz andere Anforderungen gestellt.

Dazu bekam ich täglich eine kleine blaue Pille mit den Worten „die nimmst du jetzt mal eine Weile". War das Doping? Ich weiß es nicht, dazu müssten andere befragt werden.

Auch unser mittäglicher Eiweißshake gehörte wie Butter aufs Brot dazu. In meiner Laufbahn hat Doping später nie eine Rolle gespielt, für mich ist das ehrenrührig, wenn man chemische Substanzen nimmt. Und die Dopingkontrollen nisten sich wie Läuse im Leben eines Eiskunstläufers ein, sodass ich mir das hierzulande nur schwer vorstellen kann. Wie das in anderen Ländern aussieht, kann ich nicht sagen, in Deutschland sind sie geradezu penetrant. Jeder Läufer, der Erfolg hat, wird stark kontrolliert und richtet sein Leben förmlich auf ständige, unangekündigte Besuche der Dopingkontrolleure ein. Siegen kann man in diesem Sport also nur, wenn man eisern an sich arbeitet.

Aber zurück zu meinen Anfängen im Paarlaufen. Von einem Tag auf den anderen hatte ich im Training ein kleines Mädchen an der Hand.

Während ich meine Verzweiflung überwinden musste, hatte sie wohl anfangs mit ihrer Furcht zu kämpfen. Bald legte sich unser „Fremdeln" und ich merkte, dass sie eine sehr mutige kleine Person war, die durchaus mit dem „großen Jungen" mitziehen konnte. Wir kamen sehr schnell und gut voran. Eine um die andere Figur erkämpften wir uns. Es dauerte nicht lange, da begriff ich, dass mich der verflixte Paarlauf auch glücklich machen könnte. Dass eben nicht alles vorbei, sondern ein neuer Anfang möglich war. Mit der Zeit fühlte es sich sogar richtig

Foto: Privat

gut an. Manuela war wild entschlossen, sich meinem Ehrgeiz zu stellen. Mich beseelte bald der Wunsch: „Euch zeig ich es im Paarlauf, wartet nur ab!"

Ich glaube, das holte mich auch etwas aus meiner Einsiedelei heraus, denn ich musste kommunizieren. Nun war ich Teil einer Mannschaft, zwar der kleinsten denkbaren Mannschaft, aber ich spielte im Team, anders ging es nicht.

In der Eissporthalle trainierten wir unter hervorragenden Bedingungen. Nicht nur, dass die Eisfläche in Schuss war und stets in guter Qualität gehalten wurde und wir für sehr wenig Geld viel Zeit zum Training hatten. Unsere Stadt galt damals als Hochburg des Eiskunstlaufs, war auch international bekannt.

1980 feierte die Eiskunstlaufwelt Jan Hoffmann und Anett Pötzsch als neue Weltmeister. Immer spornten uns auch die Großen unserer Zunft an. Manchmal lief Tassilo Thierbach mit uns, der mit Sabine Baess ein Paar bildete. Beide waren in der Welt des Eiskunstlaufs hoch angesehen und wurden 1982 in Lyon Europameister und im gleichen Jahr in Kopenhagen Weltmeister. Da schauten wir schon einmal hin und versuchten, uns etwas Technik abzuschauen oder bekamen im Vorübergehen den einen oder anderen Hinweis.

Wir bewunderten verstohlen ihre Eleganz. Der Kampfgeist unserer berühmten Teamkollegen machte uns Mut, wenn es einmal nicht so gut lief.

Spitzbübisch ging es dagegen in den Pausen zu, wenn wir Jungs und Männer in den Umkleideräumen zusammensaßen. Die Eisläufer, die von internationalen Wettkämpfen nach Hause kamen, hatten nicht nur ihre Medaillen im Gepäck. Wir probierten Walkie-Talkies und andere „Souvenirs" aus, erzählten und lauschten Geschichten, die natürlich nicht immer jugendfrei waren, und konnten einfach heranwachsende junge Männer sein.

Manuela und ich wuchsen unterdessen auf dem Eis als Paar zusammen. Wir brauchten zwei Jahre, dann hatten wir uns für die Juniorenweltmeisterschaften qualifiziert.

Sapporo, fremde Welt

Ging das schnell! Wir fuhren ins japanische Sapporo!
Für uns war schon die Reise im Dezember nach Asien überwältigend. Japan hatte als Ausrichter der Juniorenweltmeisterschaften die Spielorte exzellent vorbereitet. Ungeachtet der fantastischen Bedingungen in den Stadien und Mannschaftsquartieren zog ich staunend durch diese fremde Welt. Ich war gerade 17 geworden. Hunderte Autos fuhren an mir vorüber, ich durchreiste Tokio mit der U-Bahn und sah fassungslos, dass immer noch ein paar Menschen mehr in den schon überfüllten Zug stiegen. Ich erinnere mich an mein Hotelzimmer, das wie ein Saloon anmutete. Grandioserweise trennte Vorraum und Zimmer eine Schwingtür, wie ich sie aus Western kannte; mei-

ne Begeisterung war grenzenlos. Noch steigern konnte diese ein Fernseher mit ganz flachem Bildschirm, wie er mir als Ostdeutschem erst gefühlte hundert Jahre später wieder begegnen sollte.

Und dann war da dieser wunderbare Kräutertee, den ich mir aufbrühte, um meinen fürchterlichen Durst zu stillen. Nachdem ich den duftenden grünen Krümeln zirka zehn Minuten im dampfenden Wasser gegeben hatte, nahm ich einen kräftigen Schluck. Nun, ich brauchte zehn Jahre, ehe ich es erneut mit grünem Tee versuchte.

Die Farbe Grün spielte noch in anderer Hinsicht eine Rolle. In der Eissporthalle lag grünes Linoleum auf dem Weg zum Eis – und das liegt heute noch dort! Ich konnte mich 25 Jahre später bei einem Schaulaufen davon überzeugen.

In unserer Vier-Minuten-Kür hatten Manuela und ich 1983 eine Passage, bei der wir mitten in der Kür, vielleicht auch im letzten Drittel, eine Spirale liefen, die uns bis knapp vor die Bande führte.

Dort stand ein kanadischer Trainer und der rief uns, als wir der Bande am nächsten waren, „Bravo!" zu und klatschte wie ein Verrückter. Das bleibt für immer, die Erinnerung an jene, kleine Passage in der Kür. Das ist etwas Besonderes für mich, denn normalerweise nimmt man eine solche Bemerkung nicht wahr, weil man die Kür läuft, als sei man im Tunnel.

Die zarte kleine Manuela lief großartig und ich hatte zu dem Zeitpunkt wirklich ein überirdisches Körpergefühl. Ich war in der Lage, alles zu tun, vermochte meinen Muskeln und Gelenken alles abzuverlangen und hatte das Gefühl, als stünde ich über meinem Körper.

Eine andere Erinnerung führt mich in Sapporos verschneite Straßen. Ich stand vor dem Hotel und sah zur anderen Seite hinüber. Dort standen kleine japanische Häuser und die Straße zwischen den verschneiten Straßenseiten war schwarz. Wie ich erfuhr, wärmten die Abwasserrohre des Hotels unterirdisch die Straße, sodass weder Split noch Salz zum Einsatz kommen mussten – faszinierend!

Foto: Wikipedia

Genau am 5. Dezember liefen wir unser Kurzprogramm. Das kann ich nie vergessen, denn immer am darauffolgenden Tag füllt in der Heimat ein gütiger Nikolaus dem braven Eiskunstläufer die Schlittschuhe. Am nächsten Morgen hing an meiner japanischen Hotelzimmertür tatsächlich eine Kleinigkeit an der Klinke. Ein japanisches Spiel, das bei mir zu Hause in einer Kiste voller Erinnerungen seinen Platz gefunden hat.

Foto: Wikipedia

Am 7. Dezember liefen wir dann unsere Kür. Daten, die mein Gedächtnis nie löschen wird. Bis zu diesem Jahr, 1983, nahmen die Goldmedaillen ausschließlich russische Eisläufer mit nach Haus. Bei diesen Meisterschaften jedoch standen wir zwei Ostdeutschen ganz oben und ließen uns die Goldmedaillen umhängen. Wir unterbrachen damit eine jahrzehntelange Serie und zeigten, dass auch andere als russische Eiskunstläufer die Weltspitze anführen konnten. Manuela und ich galten auf einen Schlag als Ausnahmeläufer und erhielten international unglaublich viel Anerkennung.

In diesem Jahr kamen die besten Nachwuchs-Eiskunstläufer aus der DDR, dem „kleinen Bruder" der Sowjetunion. Hier fand im übertragenen Sinne Ausdruck, was sich Länder wie Bulgarien, Polen oder Rumänien ebenso sehr wünschten wie die politische Führung in der DDR: eigenständig handeln, ohne dass erlaubt, geführt und bevormundet wurde. Endlich konnte man glänzen, ohne dass der Erfolg verordnet worden war oder geteilt werden musste. Und nicht nur die Sportfunktionäre der DDR waren überglücklich, dass die Kette der russischen Siege durchbrochen war.

Ich hatte mich mittlerweile ganz und gar in dieses neue Feld des Eislaufens hineinbegeben. Vieles musste ich lernen, denn es war ungewohnt, alles gemeinsam zu meistern. Plötzlich musste ich für meine Partnerin vorausschauend mitlaufen. Mit den Würfen und Sprüngen hatte ich mit einem Male viel größere

Verantwortung. Manuela war noch so jung, daher auch federleicht; auf die Dauer kann aber aus einer kleinen Feder auch ein gutes Stück Gewicht werden, das ich halten, fangen und werfen sollte.

Letztendlich hatten wir es allen gezeigt und ich blieb dem Eis weiter treu ergeben und verbunden. Mehr noch, eine neue Perspektive tat sich auf – der Himmel leuchtete wieder.

Foto: Privat

Nach den Wettkämpfen in Sapporo flogen wir weiter nach Tokio, um dort an einem Schaulaufen teilzunehmen. Als ich das Hotel in Tokio verließ, lief ich einer Tänzerin in die Arme, die mir auf der Stelle einen riesengroßen Schal schenkte. Mitten auf der Straße stand ich da und ließ mir diese Wollschlange umlegen. Warum? Keine Ahnung, mein Japanisch war noch nicht ganz so geschliffen, sodass ich mit meinen zwei Vokabeln für „Bitte" und „Danke" ihrer Erklärung einfach nicht schnell genug folgen konnte. Ich freute mich riesig, nahm es als Kompliment für den jungen deutschen Läufer und verstaute ihn schnell in meinem Hotelzimmer. So geschehen vor dreißig Jahren; den Schal besitze ich heute noch.

Natürlich machte ich zum ersten Mal mit der japanischen Mentalität Bekanntschaft. Freundlich und zuvorkommend, aber durch und durch leistungsorientiert. Diese Zielstrebigkeit bewirkte zum einen, dass japanische Wissenschaftler und Ökonomen das Land in allen Bereichen in die obersten Ligen katapultierten. Aus den Startlöchern heraus schnellte die japanische Wirtschaft nach vorn, und auch im Sport eroberte sich der Inselstaat respektable vordere Plätze. Der politischen Führung kam das in den 1980er Jahren sehr zupass. Für uns spielte das damals alles keine Rolle, wir waren in unserem eigenen Rausch.

In den Jahren zuvor hatten künftige Weltmeister immer zuerst bei den Junioren Gold, Silber oder Bronze geholt; somit waren diese Entscheidungen immer wie Seismographen, die auf zukünftige Sieger hinwiesen. Manuela und ich holten in der Weltmeisterschaft 1984 in Sapporo den ersten und bislang einzigen deutschen Juniorenweltmeistertitel.

Ich weiß noch: Da standen wir auf dem Podest, mir war heiß und kalt zugleich, und in diesem Augenblick wurde mir klar, dass wir in unserer Altersklasse weltweit zu den Besten zählten; dass wir bei den Paarläufern im Eiskunstlauflauf soeben die höchste Anerkennung erhalten hatten. Ich jubelte innerlich. In diesem Moment wusste ich, wenn uns das gelingen konnte, dann würden wir auch bei den nächsten Meisterschaften chancenreich sein. Plötzlich schien noch viel mehr möglich zu sein.

Immer nur für den Augenblick zufrieden

Dazu kam, dass unsere Erfolge anerkannt wurden. Nicht dass das bis dahin nicht der Fall gewesen wäre. Doch jetzt gehörten wir zu denen, auf die man auch im Ausland aufmerksam wurde, und so besaßen die Ehrungen einen anderen Wert. Ich erinnere mich heute noch an unseren ersten großen Empfang nach unserer Rückkehr aus Japan – mit Rede, Buffet und großem Tamtam.

Jetzt war die Richtung klar: Der Profisport rief nach uns. Unser Trainingsziel hieß Olympia! Das war zwar an sich nicht unrealistisch, doch wir liefen gänzlich ohne Angst einfach auf dieses Ziel zu. In stillen Minuten zweifelten wir sicher auch einmal oder sahen uns verwundert um. In welcher Liga fanden wir uns da unversehens wieder?

Doch so jung, wie ich war, so mutig und zuversichtlich war ich. Die Juniorenweltmeister des Vorjahres standen im darauffolgenden Jahr oft auf der obersten Treppe des Siegerpodestes, und so war es nicht aus der Luft gegriffen, dass wir dieser verheißungsvollen Spur folgen wollten.

Tassilo Thierbach und Sabine Baess beendeten gerade ihre Laufbahn, Katarina Witt holte sich olympisches Gold und wir wollten zukünftig im großen Eiskunstlaufzirkus auch in der Manege unsere Rolle spielen.

Tassilo Thierbach, Sabine Baess, Arett Pötzsch und Jan Hoffmann bei den DDR-Meisterschaften 1979 in Karl-Marx-Stadt (Foto: Wolfgang Thieme)

1985 nahmen wir an den Europameisterschaften in Göteborg teil und brachten einen guten 5. Platz mit nach Haus. Im gleichen Jahr fanden die Weltmeisterschaften in Tokio statt und wir belegten den 8. Platz. Nicht schlecht, fanden wir. Die Anforderungen waren ja viel höher, wir liefen eine Kür mit großen technischen Schwierigkeiten und wussten: Um erfolgreich zu sein, mussten wir ausdauernd sein und jedes Jahr ein bisschen mehr zeigen, choreografisch und athletisch. Am Anfang hatten wir den Eindruck, dass uns der Druck wirklich „drückte". Dann passten wir uns an, eigentlich lief alles ganz gut für uns, Manuela und ich packten den Eiskunstlaufstier bei den Hörnern.

Aber es sollte anders kommen. Bis 1987 noch blieben wir auf dem Eis ein Paar, aber unmerklich hatte sich doch der Stress eingeschlichen.

Verlangten wir zu schnell und zu viel von uns ab? War ich Manuela gegenüber zu ungeduldig? Zogen zu viele an ihr herum? In diesen zwei Jahren sollten wir jedenfalls viele Male Krankenhäuser von innen sehen. Im Laufe unseres Trainings, das wir sofort verstärkt und mit Richtung Weltmeisterschaft aufgenommen hatten, ereilte uns schnell eine erste, dann eine zweite Verletzung. Keine leichten Bänderzerrungen oder Prellungen – von diesen alltäglichen kleinen Gegebenheiten lernen Eiskunstläufer sehr schnell zu schweigen –, sondern langwierige und komplizierte Brüche. Wochenlang konnten wir nicht trainieren, lagen im Krankenhaus und kurierten zahlreiche Operationen aus. Im Grunde genommen glänzte immer einer von uns beiden auf dem Eis mit Abwesenheit.

Eigentlich kein Wunder, denn sehr, sehr zeitig begannen wir, Würfe zu trainieren. Kaum 15-jährig warf ich Manuela bei den Wurfübungen beinahe täglich einige Meter durch die Luft; für unsere heranwachsenden Knochen blieb nicht viel Zeit, sich diesem Dauerstress anzupassen. So rächten sie sich auf ihre Art und Weise.

Manuelas Knie, die unaufhörlich damit beschäftigt waren, die Würfe abzufangen, wurden schnell von dieser ständigen Belastung angegriffen und sie bekam große gesundheitliche Probleme. Die Mädchen mussten damals von Beginn ihrer Zeit auf dem Eis an unwahrscheinlich viel aushalten. Obwohl orthopädisch gezaubert und nach allen Regeln der Kunst physiotherapiert und geheilt wurde, war so das Trainingsende für Manuela bald abzusehen. Sie konnte an Trainingslagern und verschiedenen Leistungsüberprüfungen nicht teilnehmen. Zudem kam sie in die Pubertät, die Körperproportionen veränderten und verschoben sich; letztendlich wurde sie größer, als für das Eislaufen im Allgemeinen und den Paarlauf im Besonderen gut gewesen wäre. Unsere Wege auf dem Eis mussten sich trennen. Doch wir sind noch in guter Verbindung. Manuela betreibt als Physiotherapeutin eine eigene Praxis und in dieser Funktion habe ich sie ans Eis zurückgeholt.

Das Ende unserer gemeinsamen Laufbahn wirkte sich auch auf mein Gemüt aus. Energiegeladen und permanent ausgebremst brauchte ich nun etwas Zeit. Wie weitermachen?

Bevor ich in ein großes schwarzes Loch fallen konnte, fanden sich meine Kräfte aber wieder. Jahrelang hatte ich trainiert und jede freie Stunde auf dem Eis zugebracht – so leicht war meinem Mut nicht die Jacke auszuziehen. Ich dachte: „Verdammt noch mal, wenn alles glattgegangen wäre, dann hätte ich es schaffen können." Irgendwie wusste ich, dass ich ein großes Talent mitbekommen und gelernt hatte, mir kleine und große Ziele zu setzen; zudem konnte ich an einer Sache dranbleiben und ich dachte: „Na gut, dann sollte es diesmal eben nicht sein, es wird eine neue Chance für mich geben!"

Über eine lange Durststrecke hinweg wollte allerdings nichts wirklich gelingen. International beobachtete ich, wie unsere Konkurrenz nicht schlief und neue Paare ihren Weg in die internationale Rangordnung fanden.

In Deutschland hatte Jan Hoffman gerade mit dem Eiskunstlaufen aufgehört und es gab hier niemanden, der in seine großen Fußstapfen steigen konnte. Keiner von den Männern vermochte nachzuziehen und die Lücke zu füllen, die er hinterlassen hatte, denn sie war immens. Nils, mein Kompagnon aus früheren Jahren, verabschiedete sich gleichfalls als Einzelläufer vom Eis. Es war keiner mehr da, der auch die Dreifachsprünge beherrschte, die international ganz selbstverständlich zum Repertoire eines Eiskunstläufers dazugehörten. Die Bühne war leer.

Falko Kirsten, der einzige Dreifachaxel-Springer, hörte ebenfalls gerade auf. Da ich zu dieser Zeit mit keiner Partnerin trainieren konnte, tat ich es für mich allein. Natürlich pirschte ich mich an die Sprünge heran – die Versuchung war einfach zu groß. Viele probierten das, aber die Sprünge auch gut zu landen, sicher zu stehen, das war die große Kunst. Ich war eisläuferisch

gut vorgebildet und vom Körperbau her gut bedacht. Wieder und wieder sah ich mir Videosequenzen meiner Sprungversuche an. Es machte mir Spaß und ich wollte es wissen. Ich grübelte darüber nach, wie ich am besten in die Sprünge hineinkommen könnte und richtete meinen Körper beim Absprung und Landen um Nuancen verändert aus. Ich variierte über viele Tage Absprungwinkel und Anlauf. Wie glücklich war ich, als ich den dreifachen Axel im Training schließlich sicher stand! Ich beherrschte ihn in der DDR damals als Einziger.
Vorerst glaubte ich ernsthaft an eine neue Laufbahn als Einzelläufer. Obwohl ich in die Kategorie „Paarläufer" gehörte, rechnete ich mir auch für mich allein wieder Chancen aus. Als ich noch Einzelläufer war, hatte ich natürlich meine Vorbilder. Immer beeindruckten mich ausdrucksstarke Läufer, die ihre Programme so kraftvoll und intensiv liefen. Sie kamen meist aus Amerika und besaßen irgendwie das gewisse Etwas und dieses unterschied sich in meinen Augen von allem, was man in Europa finden konnte.
Unübertroffen lief aus meiner Sicht David Santee, ein US-Amerikaner. Wie ein Tiger sprang und schlich er übers Eis. Auch der Brite Robin Cousins, Olympiasieger in Lake Placid, mit dem ich heute gut befreundet bin, zählte für mich zu diesen Ausnahmeläufern. Oder der Kanadier Toller Cranston, einer der berühmtesten und künstlerischsten Eisläufer, von vielen bewundert und verehrt; ihm fiel es schwer, die Sprünge sicher zu stehen, aber er lief außergewöhnliche, verrückte Choreografien. Für mich war er ein Gott. Er lief einen wahnsinnig interessanten „Schlittschuh", er schwebte förmlich über die Eisfläche. Von ihm habe ich einmal zwischen meinen beiden Zeiten als Paarläufer ein herrliches Kompliment bekommen. Als ich für mich allein lief und nach Manuela Landgraf noch immer auf der Suche nach einer Partnerin war, konnte ich in Wien an ei-

nem Wettkampf im Einzellauf teilnehmen. Es gab nur ein Kürprogramm und keine Pflicht. Nach meiner Kür also kam Toller Cranston zu mir und meinte, er hätte noch nie einen Läufer wie mich gesehen. Es hätte ihn so beeindruckt, was ich aufs Eis gelegt hatte, vom läuferischen und musikalischen, vom choreografischen Aspekt und der Interpretation. Da stand ich und bekam das schönste Lob meines Lebens.

„Meint er wirklich mich?", dachte ich und mein Einzelläuferherz meldete sich wieder. Ich war so stolz!

Er fragte sofort, wer die Choreografie geschrieben hätte. Spätestens an dieser Stelle kommt nun Andreas Eckelmann ins Spiel. Nachdem Manuela gezwungenermaßen ausgestiegen war, beschäftigte ich mich selbst auf dem Eis, stellte mir meine eigenen Pläne auf. Die schlossen die Abende und gelegentlich die Nächte mit ein. Mit großem Vergnügen entdeckte ich den Jugendclub „Würfel", denn Freunde hatten einen heißen Draht zum Leiter des Jugendclubs und so war das „Reinkommen" gesichert.

Der Chef hieß Andreas Eckelmann. Er hatte ein Faible für Mode, Musik und Tanz und war ein herrlich abgedrehter Typ. Ständig kam er mit neuen Ideen und Projekten. Als früherer Palucca-Schüler ent-

Ingo Steuer, Monika Scheibe und Andreas Eckelmann. (Foto: A. Springer Verlag)

wickelte er aus Spaß und mit Geschick hin und wieder Modenschauen und Choreografien.
Er war ein lustiger Kerl und ich war gern mit ihm zusammen. So kamen wir ins Spinnen. Eines Tages brachte er eine Musik mit, die mir Gänsehaut verursachte: „The Art of Noise – Island". Ganz ruhig, gleichbleibend auf- und absteigend. Nur wusste ich nicht, wie ich allein zu dieser Musik auf dem Eis laufen sollte. Bisher bestand ein Programm in der Regel aus dem Wechsel von schnellen und langsamen Stücken. „Pass mal auf", meinte Andreas, „daraus machen wir etwas ganz Wahnsinniges!"
Also nahm ich ihn mit aufs Eis. Zu diesem Zeitpunkt hatte ich ganz offiziell keine Trainingszeiten und so sah man uns verwundert an, als wir zwei anfingen, eine Kür aufzubauen. Es war sensationell, was entstand. Endlich konnte ich einmal das ausleben und laufen, was ich in mir immer gespürt hatte. Das fühlte sich anders an, freier und gefühlvoller. So sah mich Toller Cranston bei jenem Wettkampf in Wien. Sein Lob war natürlich gleichzeitig ein Ritterschlag für Andreas Eckelmann.

Letztendlich aber waren mir die Erfolge im Paarlaufen bestimmt. Ich glaube, im Einzellauf wäre ich nie so erfolgreich geworden und deshalb bin ich mit dem Fortgang der Dinge sehr zufrieden. Noch immer hatte ich Ende der 1980er Jahre keine neue Eisläuferin an meiner Seite. Noch immer war mir nicht ganz klar, wie es weitergehen sollte. Dann lief ich zwei Jahre mit Ines Müller.
Anfangs fühlte es sich ganz gut an, aber bald stellte sich heraus, dass wir doch zu verschieden waren. Ich war als Eiskunstläufer schon viel weiter und hatte Pläne! Ein sechster oder siebenter Platz bei den Europameisterschaften kam als Ziel gar nicht infrage, das wollte mir nicht genügen.
Ich wollte siegen und ganz vorn mitmischen. Doch das allein war es nicht, was mich trieb; ich wusste, dass ich noch viel

mehr konnte, als in diesen Jahren sichtbar war.
Perfekter wollte ich laufen, emotionaler und vielleicht mehr ausdrücken, als man bisher auf dem Eis sehen konnte. Ich lief, wie ich fühlte, und immer so gut ich es vermochte. Es ging immer noch mehr, immer noch besser, immer wieder auf ganz neue und überraschend andere Art. Tief in mir ordnete sich alles diesem Gefühl, das anfangs nur eine Ahnung war, unter. Ja, ich wollte hoch hinaus.

Was ist dagegen einzuwenden, außer dass man sich auch aufs „Fallen" verstehen muss, wenn einmal etwas schiefgeht? Ines Müller musste für sich einen anderen Weg finden, denn eine gemeinsame Zukunft als Paar auf dem Eis schloss ich bald aus. War ich zu ehrgeizig? Hatte ich zu wenig Geduld und hätte auf sie warten sollen? Schaute ich zu wenig nach links und rechts? Nun es stimmt schon, ich war schwer zu beirren. Sobald ich sah, dass ich stagnierte, beriet ich mich immer zuerst mit mir allein: Warten oder weitermachen?

Mitfühlen und bemitleiden, da gibt es für mich einen gehörigen Unterschied. Ich fühlte mit, doch bemitleiden wollte ich kaum jemanden, weil ich glaube, dass Mitleid nicht sonderlich hilfreich ist. Zudem stand ich auch mir selbst gegenüber in der Verantwortung. Will man hier urteilen, so muss man bedenken, dass die Knochen eines Eiskunstläufers mit Ende 20 fertig sind und mit Ende 30 nur noch wenige Damen und Herren bei internationalen Shows mitlaufen. Also hieß es für mich, weiter nach der passenden Partnerin zu suchen.

Manchmal, das darf man mir glauben, treibt mich dieser verflixt hohe Anspruch selbst zur Verzweiflung. Es gibt Leute, die meinen, ich sei vom Ehrgeiz „zerfressen". Das kann sehr gut sein.

Orientierung und die Zeit, bevor Mandy kam

Ich weiß noch, das waren verrückte Monate. Nach langer Zeit trainierte ich wieder für mich allein und kniete mich wie ein Wilder in den Einzellauf. Als dann am Ende der Saison alle deutschen Solisten auf dem Eis ihre Kür liefen, lief ich mit und räumte ab. Ich gewann tatsächlich! Dieser Erfolg führte mich noch einmal in meine früheren Jahre als Einzelläufer zurück. Ich sah, dass ich gut daran getan hatte, weiterzuüben, denn ich hatte noch immer das Zeug zum Einzelläufer. 1991, zu den Deutschen Meisterschaften, wollte ich zeigen, was ich draufhatte. Fünf Dreifachsprünge hatte ich geplant: Flip, Salchow, Rittberger, Toeloop und Axel. Den dreifachen Axel hätte ich als einziger Nominierter gezeigt. Hätte, wenn und – aber. Nach der Kurzkür schwoll mein Knöchel an; so schlimm, dass ich bei den Entscheidungen der Kür nicht mehr in die Schuhe steigen konnte. Aus der Traum. Klar, ich war bedient und hatte die Nase gestrichen voll. Aber da war nichts zu machen.

In diesem Herbst '91, sieben Jahre nach den Juniorenweltmeisterschaften in Sapporo und sieben Jahre vor meinem Olympiaauftritt mit meiner zukünftigen Partnerin, befand ich mich in exzellenter Form. Im Hinterstübchen blieb immer ein Rest Hoffnung, der mir zuflüsterte: „Versuch es wenigstens noch einmal im Einzellauf, warte die nächsten Vergleiche ab, vielleicht geht ja doch wieder eine Tür für dich auf!"

Ich beherrschte alle Elemente und konnte vieles, was mancher Einzelläufer nicht zuwege brachte. Jeder in der Branche wusste, was ich konnte. Hin und wieder dachte ich auch, es sollte so sein, „der Steuer geht als Paarläufer aufs Eis oder gar nicht".

Mein Training in dieser Zeit und auch meine vorübergehende Ausrichtung auf den Einzellauf waren immer begleitet von der Hoffnung, in absehbarer Zeit wieder eine Partnerin zu finden.

Ungefähr in dieser Zeit spitzte sich auch Mandy Wötzels Geschichte zu. Sie lief damals mit Axel Rauschenbach. Er und Mandy nahmen sehr schnell viele Siege mit nach Hause, doch diese Serie hielt nicht lange an. Bald kamen er und seine Partnerin, die nicht nur auf dem Eis an seiner Seite war, nicht mehr gut voran. Man hatte sogar den Eindruck, dass es rapide bergab ging. Nach einer langen, schwierigen Phase trennten sich die beiden.

Und nun begann unsere gemeinsame Zeit, die Zeit des Paares Mandy Wötzel und Ingo Steuer. Ein kleiner Zettel unter dem Scheibenwischer an der Windschutzscheibe meines Autos war der Auslöser für die Hochs und Tiefs der folgenden knapp 15 Jahre. Nur ein winziger Zettel mit den Worten „Lass uns mal gemeinsam einen Kaffee trinken gehen!". Eigentlich sorgte mein Choreograph Andreas Eckelmann dafür, dass Mandy sich aufraffte und mich tatsächlich zu einem Kaffee respektive Arbeitsgespräch einlud.

Ich war froh, dass ich die Zeit so intensiv genutzt hatte und tagein, tagaus in der Eishalle war, denn nun sollten wir beide bald durchstarten. Auch Mandy besaß einen unglaublich starken Willen. Nicht zu vergessen unsere Erfahrungen, die wir mit anderen Partnern gesammelt hatten! Dieses Mosaik der verschiedensten Voraussetzungen sollte uns bald sehr schnell nach vorn katapultieren. Im Eiskunstlauf wuchsen wir in den folgenden Jahren zum führenden Paar der nationalen und internationalen Szene heran – zu unserem eigenen Erstaunen und dem vieler anderer.

5. Kapitel
Die Dinge sind nicht immer so, wie sie im ersten Moment erscheinen

Mikrokosmos KJS

In Erinnerung sind vielen von Ihnen sicher Zeitungsartikel, die noch nicht so lange zurückliegen. Die bunten Bilder von Mandy Wötzel und Ingo Steuer, die Interviews und Berichte von den verschiedenen Austragungsorten der Weltmeisterschaften aus der Zeit unserer gemeinsamen Grand-Prix-Wettkämpfe sind verblasst.
Viele kennen hingegen Artikel, die im Zusammenhang mit meiner Stasi-Tätigkeit standen. Ich will darüber schreiben, denn auch das gehört zu mir und natürlich in dieses Buch. Dazu will ich ein wenig weiter ausholen und von dem Jungen erzählen, der ich einmal war.
Die Kinder- und Jugendsportschule, in der ich ab dem 9. Lebensjahr die Schulbank drückte, war eine sehr spezielle Institution. Die Unterrichtsstunden rankten sich ums Training herum. Den größten Teil des Tages stand ich auf dem Eis. Ich trug meine dunklen Trainingshosen und fror nur an der Nase, wie alle anderen auch. Ein kleiner Kosmos, fern vom normalen Kinder- oder Schülerleben. Unser Alltag hielt uns in seinen Klauen. Aufstehen, Frühstück, Pflichttraining, Schule, Athletikpensum,

Mittagspause, in den Ballettsaal, aufs Eis, Pflicht- und nochmal Krafttraining. 21 Uhr Nachtruhe. Gab es Probleme, kommunizierten die Trainer zuerst mit den Lehrern – nur, wenn es brenzlig wurde, bat man die Eltern zum Gespräch. Unsere Übungsleiter erzogen, lobten und tadelten uns.

Waren wir vertraut miteinander? Erzählten wir von unseren kleinen und großen Kümmernissen? Respektierten wir sie mehr, als dass wir sie mochten? Wir wollten und sollten erfolgreich sein. Zukünftige Elitesportler.

Klar hatten wir auch unseren Spaß und machten Witze, wie andere Kinder auch. Wir waren stolz darauf, an der Kinder- und Jugendsportschule zu sein und plusterten unser Gefieder auf. Als Schlendrian aber kam man nicht durch, denn wir lebten unter enormem Druck. Stimmte alles, so spürte man ihn kaum. Verpasste man aber eine Norm oder kam mit ein paar Kilo zu viel auf die Waage, machte sich ein flaues Gefühl in der Magengrube breit.

In diesem Spannungsfeld pendelten wir uns mit unseren Gefühlen ein. Wie viel erfuhren unsere Eltern davon, wenn wir nach einem langen Tag abgekämpft nach Hause kamen? In der einen gemeinsamen Stunde, die uns zusammen blieb? Wenig, sehr wenig. Und doch wollte ich das niemals aufgeben. Ich wollte immer ein großer Eiskunstläufer werden.

Aber zurück zu meinen schulischen Gegebenheiten. Nur vier, fünf Schüler lernten in einer Klasse, später wurden wir zu dritt oder zu zweit unterrichtet und zum Schluss lag der „Betreuerschlüssel" bei 1:1. So war es ein umwerfendes Erlebnis für mich, als mich mein Vater an einem trainingsfreien Nachmittag einmal mit in seinen Unterricht nahm. In dieser oberen Klassenstufe saß ich ganz brav hinten in einer Bank. Ich machte Augen wie ein Maki – eine richtige Klasse! Dreißig Schüler, ein bunter Haufen. Jeder hatte seine eigene Meinung und sagte sie auch noch! Einige schienen mir sogar ziemlich frech zu sein. Eine ungeheure Erkenntnis, Schüler muckten auf! Das kannte ich nicht; in der kleinen Gruppe, in der ich lernte, arbeiteten wir konzentriert und sehr effektiv. Zudem lagen die rebellischen Zeiten ja noch vor mir. Es dauerte nicht lange, da meldete ich mich eifrig und verlangte Teilhabe am Unterricht. Mein Vater und die großen Schüler ließen mich schmunzelnd gewähren. Es gefiel mir, wie der Mann, der mein Vater war, mit seinen Schülern umging.

Meine Mutter sorgte als Schwester in der Stomatologie dafür, dass wir in unserer Mangelgesellschaft mit guten Zähnen ausgestattet waren. Heißt, wir hatten „Vitamin B" zu guter zahnärztlicher Versorgung. Das war nicht unwichtig, Beziehungen waren das halbe Leben.

Ich verglich die Zahnärzte immer mit Künstlern, die etwas ganz Spezielles für jeden einzelnen Patienten kreieren durften. Da konnte nichts nach Schema F laufen. Die Ärzte hatten keine klare Formel oder allgemeingültige Berechnung, nach der sie handelten. Sie befanden sich damals schon in einer exponierten Position. Zu ihnen konnte nicht jeder kommen und gehen, wie er wollte. Sie mussten ihr Handwerk beherrschen, durften kreativ sein und lebten davon, immer wieder neue Lösungen zu finden. Dafür gab es dann gutes Geld. Diese Mischung war es, die mir gefiel. Hier machte jemand etwas Besonderes. Das wollte ich später auch schaffen.

Wenn ich in den Rückspiegel schaue, dann hatten wir auf der Sportschule bereits als kleine Stifte lange Tage. Wir lebten unsere Leidenschaft schon als Kinder und glitten so fast unbemerkt in den disziplinierten Alltag des Leistungssportlers hinein. Manchmal gnadenlos getrieben, an einem anderen Tag glücklich und erfüllt. Geprägt von dieser Zeit, bin ich dem jungen und jugendlichen Ingo noch immer sehr ähnlich, doch die Zeit machte mich gelassener.

Uns kannst du alles sagen

Eines Tages klingelte es bei uns zu Hause. Ein Mann Mitte 30 bat höflich um Einlass. Er stand vor unserer Wohnungstür und meinte, wir würden uns ja kennen. Tatsächlich kannte ich ihn aus der Eishalle. Für mich gehörte er zum Verband, denn ich sah ihn oft dort. Genau einordnen konnte ich ihn nicht; er schaute zu und unterhielt sich mit Trainern oder anderen Erwachsenen des Verbandes. Ob er mich sprechen könne? Er meinte gehört zu haben, dass ich Schwierigkeiten hätte und wir müssten uns einmal unterhalten. Vielleicht könne er mir ja helfen? Ich ließ ihn ein.

Da saß ich, 17-jährig, großgeworden mit und im Eiskunstlauf, für meine jungen Jahre recht erfolgreich und doch voller Probleme. Immer und immer wieder diszipliniert im Trainingsalltag. Jeder Reibung in Kür und Pflicht spürte ich nach.

Ich rundete jede Kante ab, niemals so müde, dass ich aufgeben wollte. Mit mir selbst aber kam ich weniger gut zurecht.

Ich sah mich so, wie man mich wahrnahm, eckig und kantig, stur und verschlossen, hochfahrend und trotzig. Ein explosives Gemisch. Es war zum Aus-der-Haut-fahren, dass ich nicht aus meiner Haut konnte.

Dann kommt also einer und sagt: „Bei uns kannst du du selbst sein, wir helfen dir, du kannst uns alles sagen."

Ich hatte das Gefühl, dass er den Jungen sehen konnte, der hinter dem kantigen Ingo stand. Er meinte, er käme von der Staatssicherheit, natürlich hatte ich diesen Begriff schon mal gehört. Was sich konkret dahinter verbarg, darüber hatte ich mir bisher keine Gedanken gemacht.

Ich fühlte mich ernst genommen. Da kam jemand vom Staat zu mir und meinte, er würde sich gern mit mir unterhalten und könne mir helfen. Meine Naivität erklärt sich im Nachhinein für mich auch in Folgendem: Viele junge Menschen gehörten damals Freundeskreisen an, in denen über die gesellschaftlichen und politischen Zustände diskutiert wurde. Man erregte sich, fühlte sich bevormundet. Man spann sich eine andere Zukunft herbei, malte sich ein Leben außerhalb des Landes aus, in Freiheit. Man philosophierte über Recht und Unrecht. Andere hatten ihre Insel in den Jungen Gemeinden der Kirchen gefunden und ließen dort ihren Gedanken freien Lauf. Es ist gut möglich, dass sie überall dort überhaupt lernten, zu denken und alles und jeden zu hinterfragen. Ich kannte das nicht. Ein großer Freundeskreis? Ich war froh, überhaupt hin und wieder eine Stunde ganz für mich allein zu haben. Freunde nimmt man aus den verschiedensten Bereichen seines Lebens mit. Aus der Schulklasse, den Sportvereinen. Sie finden sich, wenn man nachts um die Häuser zieht. Oder beim Kickern, Billardspielen und auf abenteuerlichen Passwanderungen durch die Gebirge der „befreundeten" Nachbarländer. Aber selbst wenn ich nicht einem atheistischen Elternhaus entstammte, für die Junge Gemeinde, Rüstzeiten und geselliges Beisammensein mit Klampfe und Lagerfeuer blieb mir keine Zeit. Ich gehörte der Eishalle. Manche, die einmal mit in die Halle kamen, schüttelten den Kopf: „Hier, in diesem Kühlschrank, verbringst du deine Zeit?" Ja so war das, und nirgendwo anders zog es mich hin.

Aus dieser Eishalle also kannte ich den Mann. Er wollte wissen, welche Schwierigkeiten ich hatte. Meine zwischenmenschlichen Probleme auf dem Eis sollten von außen geklärt werden. Irgendjemand wollte mir helfen, und wenn ich Interesse an Gesprächen hätte, solle ich in der darauffolgenden Woche an den Hintereingang der städtischen Schwimmhalle kommen. Er sprach ganz ungezwungen und locker mit mir und war sehr freundlich.

Ich ging also dorthin. Er meinte, wir würden uns einmal in der Woche treffen, ich solle mich telefonisch bei ihm melden. Ich vertraute ihm. Er hörte mir zu, meine Meinung erschien ihm wichtig. Vielleicht merkte ich erst, als ich von allem erzählte, wie viel mich bedrückte und was ich alles infrage stellte. Manches war Kleinkram, der mich als genervten Jugendlichen zu schnell auf die Palme brachte. Andere Probleme quälten mich ganz realistisch. Beispielsweise drängten mich andere schon ein Jahr lang, so schnell wie möglich in die SED einzutreten. Mit einem roten Mitgliedsbuch in der Tasche ging damals mehr, als man sich heute vorstellen kann. Eigentlich wie überall und zu jeder Zeit brauchte man auch im Eiskunstlauf seine Mäzene, zumindest wenn sich Schwierigkeiten auftürmten oder der berühmte Karriereknick an die Tür klopfte. Mancher Jugendliche meinte damals schon mit 16, 17 Jahren, er wolle Kandidat der Partei werden, um mit 18 Jahren „ihre Reihen zu verstärken". Vielen von ihnen wurde wohlwollend und sehr nachdrücklich „empfohlen", jenen Mitgliedsantrag zu stellen. Auch das Argument „Ihr habt in diesem Land alle Möglichkeiten, gebt es ihm zurück!" verfehlte seine Wirkung nicht.

Ich sollte mich also bekennen und zu meinem Land Stellung beziehen. Aber tat ich das denn nicht? Zählte nicht, wie hart ich arbeitete? Seit Kindertagen erfüllte ich Normen über Normen, um in die nächste Altersstufe aufzusteigen. Im großen Unternehmen „Leistungssport der DDR" füllte ich schon lange meinen Platz aus. Ich kassierte kleine und größere Erfolge, bestieg das Siegertreppchen und stand ganz oben. Ja ich wollte erfolgreich sein. Mein Ziel hieß schon lange „olympisches Gold". Edelmetall, das auch das Land, in dem ich lebte, leuchten lassen sollte! Und ich sollte mich bekennen?

Im Leistungssport herrscht ein strenges Reglement. Anordnungen ist widerspruchslos Folge zu leisten. Ohne diese absolute

Hingabe an den Trainer und seine Pläne stellt sich kein Erfolg ein, davon bin ich überzeugt.
Doch so gut es ist, geführt zu werden, so schwierig ist es gerade in jungen Jahren, das widerspruchslos zu akzeptieren.
Vor diesem Hintergrund griffen sie nach mir. Sie stützten mich scheinbar und verfolgten heimlich ihre Pläne.
Sie verstanden mich. „Wie konnte man dich so bedrängen? Wir sorgen dafür, dass man dich damit in Ruhe lässt! Na klar, das sehen wir wie du! Hier stimmt so vieles nicht!"
Zweimal trafen wir uns dort am Bad. Er trank seinen Kaffee, machte seine Späßchen und erklärte mit wenigen Sätzen, dass er sich um diese oder jene Ungereimtheit in meinem Trainingsleben kümmern wollte. Er wollte nur wissen, wo mich der Schuh drückte.
Dann meinte er, zum nächsten Treffen würde sein Chef mitkommen, ich bräuchte keine Angst zu haben, müsse nur etwas unterschrei-

Hintereingang des Stadtbades und das Zimmer (Pfeile), wo ich unterschrieben hatte. (Foto Privat)

Die Treppe führte zu dem Gebäude (welches nicht mehr existiert) in der Nähe des alten „Weltechos", in dem die Treffen stattfanden. (Foto: Privat)

ben. Ich kam mit gemischten Gefühlen. Der Tag war grau, der Raum düster. Mir war schlecht, das Ganze unheimlich. Dieser fremde Mann kam mit ernstem Ton und Gesichtsausdruck und hielt einen Monolog. Es war, als ob jemand das Licht ausgemacht hatte. Und während ich diese Zeilen schreibe, spüre ich, wie sehr diese vergangene Zeit noch immer nach mir greift. Ich saß nur da, fing an zu schwitzen und zu zittern.
„Wir wissen, dass du ein erfolgreicher Eiskunstläufer bist und du willst es doch auch bleiben? Du weißt, dass du dich hiermit verpflichtest, für die Staatssicherheit zu arbeiten. Lies es dir durch – lies laut! Und dann entscheide dich." Für das Wohl des Volkes und so weiter und so weiter.
Ich saß einfach da, konnte weder denken noch handeln und klemmte fest, ohne dass mich jemand festhielt. Ich musste eine Verschwiegenheitserklärung unterschreiben und durfte niemandem etwas sagen. Sollte ich zuwider handeln, stand da, würde dies mit einer Freiheitsstrafe geahndet. Das hieß im Klartext, mit dem Eiskunstlauf wäre es vorbei!
Der Typ sollte einfach nur wieder verschwinden – ich unterschrieb und war damit „IM Torsten". Innerhalb weniger Minuten geschah das alles. Dann kam der mir bekannte jüngere Mann zu mir und beruhigte mich. Das klassische Prinzip „guter Bulle, böser Bulle". Er sagte, dieser Mensch wäre nur einmal dagewesen und ich würde ihn nie wieder sehen. Das wäre nur für die Unterlagen. Würde ich mich an die Vereinbarung halten, dann wäre alles ganz einfach und mir würde nichts passieren. Und damit bin ich drin gewesen. Zu jenem Zeitpunkt, unter den damaligen Bedingungen, sah ich keine Alternative.
Da erhielt ich plötzlich bei einem Treffen 40 Mark. Wie ich dazu käme, fragte ich. „Sieh es einfach so, du hast keine Zuschüsse und keine Vergünstigungen und du kannst es doch gebrauchen!"

40 DDR-Mark waren für mich viel Geld, endlich konnte ich in die Disko gehen! Dort kam ich mit den anderen zusammen. „Was war da, was habt ihr gemacht?" Später erschloss sich mir ihr System: „Wen hast du gesehen? Ach, hast du auch getanzt? Wer war denn mit auf der Tanzfläche?" Sie fragten danach, wer mit wem zusammen kam und ging, wollten Dinge von meinen Trainern und Trainingskameraden wissen. Für mich war das belangloses Zeug. Sie haben auch nach Katarina Witt gefragt, die ich sehr mochte – aber das, was Katarina und ich gemacht haben, das ging doch nur uns beide etwas an! Mir ist sie ein guter Freund geblieben und war nie jemand, den ich „ausgehorcht" habe.

Trotzdem hatte ich mich in deren Netz von scheinbar freundlichem Wohlwollen verfangen. Später gelang es mir, die Abstände zwischen den Treffen zu vergrößern, bis ich dann gar nicht mehr erschien. Mir wurde immer unwohler und zunehmend wurde mir klar, dass sich der Grund für die Zusammenkünfte gewandelt hatte. Nicht die vorgeschobene Sorge um mein Wohlergehen stand im Mittelpunkt, sondern ich wurde stattdessen ausgefragt. Ich denke, an manchem Abend schwirrten Dutzende IMs auf den Tanzflächen herum, doch das ändert nichts daran, dass ich auch dazugehörte.

Erst nach der Wende erfuhr ich, dass ich nicht als Stasi-IM interessant war, sondern als „gefährdete Person" galt. Sie hatten Angst und wollten mich 24 Stunden unter Kontrolle haben.

Zwei „gefährdete Personen" gab es damals im Eiskunstlauf, Katarina und mich. Sie wollten und sollten verhindern, dass wir auf einer unserer Reisen im „westlichen Ausland" blieben. Während für mich mit dem Stasioffizier jemand auf der Bildfläche erschien, der mir zuhörte, war für ihn und seine Kollegen entscheidend, nach Berlin melden zu können, dass sichergestellt war, dass ich im Osten blieb. Deshalb sind weiter regelmäßig Berichte geschrieben worden, von denen ich die meisten nicht autorisiert habe. Was mir zur Last gelegt wurde, waren Protokolle, unter denen stand: „gesprochen von Torsten". Geschrieben waren viele dieser Berichte vom Führungsoffizier.

Ich wollte dieses Theater irgendwann einfach nicht mehr haben. Sie hingegen hatten begriffen, dass es für mich keinen anderen Platz als den in meiner Heimatstadt geben würde.

Ich glaube, es gab keinen Trainer oder Sportler in meiner unmittelbaren Umgebung, der davon ausgegangen wäre, ich könnte das Land verlassen. Es gab keinen Grund dafür, denn mir stand ja die Welt offen! Mir war klar, ich wollte hoch hinaus und dieser Weg würde mich bestenfalls über internationale Wettkämpfe in die Eislaufstadien aller Kontinente führen. Die Grenzen begrenzten mich viel weniger als andere. Weiter oben in den Chefetagen der Sportverbände dachte man wohl anders. Letztendlich sollte sich der Kreis um einen schließen, der „für das Land wichtig war".

Natürlich leiden meine Sportler heute unter der Situation, genau wie ich. Ich würde gern wie jeder andere Trainer auch frei und gelassen arbeiten – bezahlt wie andere auch. Gutes Geld für gute Arbeit und nichts, wenn du nichts tust.

Schweigen

Natürlich waren auch meine Eltern damals Ansprechpartner, doch ich zog meine Kreise relativ weit von den ihren entfernt. Das war der Preis. Kam ich nach Hause, blieb für mehr als „Hallo, mein Sohn, alles klar?" selten Raum. Dann ging meine

Zimmertür hinter mir zu, denn ich brauchte nichts als Ruhe. Meine Welt war eine ganz andere als die meiner Eltern. Und meine Erziehung, menschlich, gesellschaftlich und politisch, fand in der Eishalle statt. Wir wurden politisch richtiggehend ausgerichtet. Heute ist Derartiges undenkbar. Wirklich gemeinsame Zeit mit den Eltern hatten wir nur im Urlaub, denn in der Sportschule lagen die Trainingseinheiten dicht beieinander. Zeitig begann unser Tag und spät ging er zu Ende. Unsere ersten Ansprechpartner waren immer unsere Trainer. Hinkte ich in einigen Fächern hinterher, fand das Krisengespräch zwischen Trainer und Lehrer statt. Dort tüftelte man Pläne aus, die mir weiterhelfen sollten. Aus dieser Richtung kam sowohl das Donnergrollen als auch das wohlwollende Lob. Die Eltern holten die Trainer erst dazu, wenn sich partout nichts bewegte.

Wenn ich an diese Zeit zurückdenke, dann erinnere ich mich auch daran, sehr auf mich allein gestellt gewesen zu sein. Das war nicht unbedingt schlecht: Schmerzen aushalten und Zähne zusammenbeißen, Tadel ertragen, nicht gleich daran zerbrechen, sondern überlegen, wie es besser gemacht werden könnte. Alle Jahre hindurch profitierte ich von dieser Lebensschule, doch sie machte aus mir keinen offeneren Menschen.

Wir lebten zusammen, trainierten zusammen und doch fühlte ich mich einsam. Ich hatte in dieser Maschinerie keinen besten Freund in unmittelbarer Nähe, dem ich alles anvertrauen konnte. Und nach jenem Besuch bei mir zu Hause und allem, was ihm folgte, konnte ich keinem Menschen sagen: „Stell dir mal vor, was mir gestern passiert ist!"

Als es für mich immer komplizierter wurde und ich merkte, dass ich ihnen erzählen sollte, was wer wann wo und wie gesagt hatte, gab es keinen, bei dem ich mich ausheulen, mit dem ich Pläne schmieden durfte, wie ich aus dieser Geschichte

wieder rauskommen könnte. Ich vermochte dieses riesengroße Geheimnis mit niemandem zu teilen. Das war das Schlimmste. Es machte mich noch mehr zum Eigenbrötler, der alles mit sich selber ausmachen musste. Unmöglich für einen jungen Menschen, der keinerlei nennenswerte Lebenserfahrung besitzt. Ganz sicher war ich da nicht der Einzige.
Zu dieser Zeit, Anfang der 80er Jahre, verließen erfolgreiche Sportler, Künstler oder Musiker das Land. Wer hier gut war, wollte es auf der ganzen Welt zeigen. Wir benötigen Grenzen, um über uns selbst hinauszuwachsen, und nicht, um an ihnen zu zerbrechen.
Ich wurde dem Land nicht gefährlich, denn ich lebte nur für den Sport, kannte außer meinen Kufen und dem täglichen Training kaum etwas anderes. Und doch wollte man sich meiner versichern und das gelang mit einer Masche, die genau auf meine Persönlichkeitsstruktur zugeschnitten war.
Was mich 2006, als meine Stasi-Tätigkeit bekannt wurde, fast krank machte, war der Kummer meiner Eltern. Mein alter Herr schlug sich mit schweren Selbstzweifeln und Vorwürfen herum. Warum hatte ich mich in jener Zeit nicht an meine Eltern gewandt? Wieso nicht sie, die mir so nahestanden, eingeweiht? „Haben wir dich falsch erzogen? Wie kann es sein, dass wir nichts von alledem bemerkt haben?"
Manchmal war ich damals drauf und dran gewesen, ihnen alles zu erzählen, weil es mich fast zerriss. Ich begann den Satz, doch bevor ich ihn vollendete, war die Situation eine ganz andere und der Moment war vorbei. Ich stürzte mich in meinen Sport und ging in die Natur, um zu mir zu finden.
„Was haben wir falsch gemacht?", fragte sich und mich mein Vater später. Nichts. Nichts falsch gemacht. Es war einzig und allein meine falsche Entscheidung. Ich konnte meinen Eltern 2006 kaum helfen, hing ja selbst in den Seilen. Die mediale Schlacht,

die über mich hereinbrach, erschütterte mein ganzes Leben. Vielleicht aber hatte diese Öffnung wie jede Medaille ihre zwei Seiten. Ich sprach endlich über Dinge, die ich bislang verschwiegen hatte – erst zu DDR-Zeiten und danach, verunsichert meine Chancen in der neuen Gesellschaft bedenkend, im vereinten Deutschland. In der Bundeswehr war meine IM-Tätigkeit übrigens seit Anfang der 90er Jahre bekannt, denn ich musste an entsprechender Stelle in den Unterlagen ein Kreuzchen machen.

„Du hättest ja gleich alles sagen und öffentlich machen können", meinten einige. Hätte ich das? Wäre nicht wirklich alles vorbei gewesen? Mein Weg auf dem Eis, den ich seit meinem 5. Lebensjahr verfolgt hatte, wäre zu Ende gewesen. Ich aber wollte weiter in der Eishalle zu Hause sein dürfen.

Dann brach alles über mich herein und es war letztlich wie eine Befreiung. Nun ist es gut so, wie es ist, auch wenn die Enthüllungen damals nicht 14 Tage vor Olympia hätten kommen müssen. Meinetwegen eher, nicht so knapp vor den Wettkämpfen meiner Sportler. Die waren damals Anfang und Mitte zwanzig und standen unter Hochspannung, hatten wenige Tage vor den Olympischen Spielen bis zur Erschöpfung trainiert. Auch sie liefen seit ihrem 5. Lebensjahr auf dem Eis, auch sie hatten sich irgendwann einmal für 100 Prozent Leistung entschieden. Und so traf jene Offenbarung sie natürlich ebenso.

„Bis zur letzten Minute", so sagte mir Dirk Steinbach, der damalige Präsident des Deutschen Olympischen Sportbundes (DOSB), wolle er versuchen zu verhindern, dass ich bei den Olympischen Spielen in Turin hinter der Bande stehen dürfe. Doch meine Sportler brauchten mich beide, Aljona noch mehr als Robin, denn ich war ihr einziger Anlaufpunkt. Sie war noch nicht allzu lange in Deutschland.

Jeder Trainer gehört bei den Wettkämpfen an die Seite seiner Sportler. Man stelle sich das nur mal vor, die Olympischen Spiele finden statt, bei denen meine Sportler laufen, und ich sollte nach Hause fahren! Ich erstritt mir meine Teilnahme vor Gericht und alles Weitere ist hinlänglich bekannt.

Halt

Meine Familie hat von allem nicht von mir, sondern von anderen Menschen erfahren und stand unter Schock. Natürlich mussten meine Eltern, mein Bruder und alle erst einmal damit klarkommen. Aber sofort stand für sie fest: „Das ist unser Sohn, mein Bruder, und der wird nicht alleingelassen."
Keiner hat mich daran zweifeln lassen, dass er hinter mir steht. Das ist eigentlich das Beste, was einem im Leben passieren kann. Wenn man eine Familie hat, die mehr als 100 Prozent hinter einem steht, ganz egal wobei, dann ist das unbezahlbar. Meine Rettung und mein Halt. Ich erhielt auch einige Briefe, deren Absender sich von mir und meinem damaligen Verhalten enttäuscht zeigten. Später konnten sie Verständnis aufbringen; es folgten zahlreiche ähnliche Bekenntnisse. Viele bestärkten mich darin, das durchzustehen.
Ich bin so froh darüber, Briefe von Menschen bekommen zu haben, deren erste Reaktion „Der Steuer muss weg!" gewesen war – und die mir später schrieben: „Machen Sie weiter!".
Da habe ich Demut gelernt. Michael Vesper zum Beispiel, Generalsekretär des DOSB, der 2006 auch der Meinung war, ich solle in Turin nicht hinter der Bande stehen und Aljona und Robin sollten ohne mich laufen, revidierte in Vancouver 2010 öffentlich seine Meinung. Er hätte damals einen Fehler gemacht,

sagte er. Das hatte für mich Größe, denn mit dieser Äußerung brachte er sich selbst in große Schwierigkeiten. Das Bild von mir stand ja bereits fest.
Mit meinen Auskünften hätten Menschen in Bedrängnis kommen können. Wenn ich naiv war, so entschuldigt das nichts. Es tut mir leid, aber ändern kann ich es nicht mehr. Ich wünsche niemandem, als junger Mensch in in einer solchen Situation bestehen zu müssen – wohl dem, der nie bedrängt wurde.

6. Kapitel
Nur diejenigen, die an ihre Grenzen gehen, wissen, wo ihre Grenzen sind

Das Traumpaar Mandy W. und Ingo S. ... von Not und Erfolg

Ich erinnere mich noch gut an jenen Tag irgendwann im Sommer 1992. Ich stand weit vor Trainingsbeginn auf dem Eis und war nervös. Eine sonderbare Spannung lag in der Trainingsluft; Mandy Wötzel erwartete wie ich die Entscheidung. Wir wollten von Monika Scheibe trainiert werden. Im Paarlauf. Sofort. Schließlich lagen viele untätige Wochen hinter uns, bis Andreas Eckelmann Mandy und mich endlich überzeugen konnte, es einmal zusammen zu versuchen. Ich hatte zuvor nur ein „Mit der lauf ich nicht!" für ihn übrig. Die Frau, die ich für 15 Jahre als Paarläufer begleiten würde, meinte wie ich: „Mit dem lauf ich nicht!"

Andreas Eckelmann redete mit Engelszungen auf uns ein. Das hat er wirklich gut gemacht. Es kam mir vor, als ob ich schon eine halbe Ewigkeit nach einer Läuferin Ausschau hielte.

Wir trafen uns. Beschlossen, es miteinander auf dem Eis zu versuchen. Es muss im Juni des Jahres 1992 gewesen sein, als wir das erste Mal nebeneinander in der Eishalle standen, um es miteinander zu versuchen. Die kleine zierliche Mandy mit blondem Pferdeschwanz und schwarzem Trainingszeug und

ich, größer und kräftiger, mit blauem Shirt und schwarzer Hose. Wir taxierten uns einen Moment, tauschten einen Blick, in dem so vieles lag. „Da bist du also!", „Eigentlich will ich gar nicht mit dir laufen!", „Sag jetzt bloß nichts Falsches, sonst bin ich gleich wieder weg!"
Schon als wir die ersten Minuten miteinander liefen, spürten wir, wie gut das ging. Wir hatten das gleiche Gefühl für das Eis, spürten, dass wir in Sprünge und Drehungen gut hineinkamen. Beide begriffen wir instinktiv, dass wir eine gute Mixtur ergeben würden, und als wir uns verabschiedeten und uns für ein nächstes Training verabredeten, lag in unseren Blicken etwas Neues: Überrascht und erfreut erkannten wir unsere Chance.
Nun erwarteten wir Monika Scheibes Antwort. Wie Huskys an ihren Leinen zerren, um davonzujagen, standen wir auf unseren Kufen und wollten nur eines: zusammen laufen. Monika Scheibe meinte jedoch nur, sie könne weder die eine noch den anderen trainieren, da wir beide unmöglich wären. So unmöglich, dass sie sich außer Stande sehen würde, mit uns zu arbeiten. Übermütig und frech soll ich zudem gewesen sein. Ein schwieriger, arroganter großer Junge.
Deshalb begannen wir zwei, allein ernsthaft zu arbeiten. Mandy hatte lange keine Sprünge mehr machen müssen und war in denkbar schlechter Form. Keiner hat mehr einen Cent auf sie verwettet. Ich dagegen war bestens in Form, ich hatte ja nie aufgehört zu trainieren. Ohne Eislaufen war der Tag schlicht und ergreifend leer für mich. Gut, ein, zwei Tage, das ließ sich schon einmal aushalten. Spätestens am dritten Tag wurde ich dann aber unleidlich. So geht es mir noch heute.
Ehrgeizig und verbissen liefen wir also jetzt jeden Tag. Mandy besaß großes Talent und ein Kämpferherz. Sie fühlte sich ein und hatte zudem ein leichtes, luftiges Wesen.

Wir brauchten drei, vier Wochen, dann kamen wir gut miteinander klar. Ich glaube, Andreas Eckelmann, der manchmal an der Bande stand und uns zuschaute, fand seine Vermutung bestätigt und freute sich mit uns, dass er mit seiner Spürnase recht behalten hatte. Schließlich überzeugte es Monika Scheibe, dass wir über Wochen beharrlich und diszipliniert blieben. Noch im Sommer sagte sie: „Na, dann werde ich das mal machen."

Dieser Spruch klang in unseren Ohren wie eine Herausforderung – und wir stellten uns ihr.

Nicht von ungefähr hatten Mandy und ich damals einen Geistesblitz und schrieben 1992 auf unsere T-Shirts: „Kann denn Leistung Sünde sein?"

Wir konnten uns des Eindrucks nicht erwehren, dass im gesamtdeutschen Eiskunstlauf vieles nur mit Beziehungen wirklich gut lief und herausragende Leistungen keine Garantie dafür waren, unterstützt zu werden. Von Anfang an hieß unser Credo jedoch „Leistung". Mit dem entsprechenden Glück dazu sollte sich jenes Motto auch auszahlen.

Allerdings mussten sowohl Mandy als auch ich zuvor unters Messer, denn unsere Knie hielten den neuen Anforderungen nicht mehr stand, da der Knorpel im Knie durch jahrelanges Training abgenutzt war. Doktor Manfred Kupfer und seine Frau Marion legten Hand an uns und wir hatten Glück, unsere Körper spielten mit. Noch im Spätsommer meldeten wir uns zurück.

Wie zwei Rennpferde

Kurz nachdem Mandy Wötzel und ich im August 1992 zum ersten Mal zusammen auf dem Eis unsere Trainingsrunden drehten, folgte Wettkampf auf Wettkampf und Erfolg auf Erfolg. Im

Herbst hatten wir drei prächtige Platzierungen in der Tasche. Wir starteten beim Skate Canada, liefen in Gelsenkirchen zum Nations Cup und in Lillehammer, wo vorolympische Entscheidungen ausgetragen wurden. Alle Wettkämpfe konnten wir auf Anhieb gewinnen.
Es ging alles so rasant. Sommer und Herbst des Jahres 1992 verbrachten wir fast komplett in der Eissporthalle. Wir machten nur Pausen, wenn unsere Muskeln, Knochen und Sehnen sie brauchten, und scharrten doch schon wieder mit den Hufen.
1993, in bester Form, wurden wir Vizeeuropa- und Vizeweltmeister! Das war fantastisch – es geschieht relativ selten, dass ein Paar seinen „Einstand" auf internationalem Eis gibt und gleich Silber gewinnt. Üblicher ist es, sich allmählich zu steigern, von Jahr zu Jahr und Meisterschaft für Meisterschaft. Wir jedoch stiegen auf wie Phönix aus der Asche.
Wie das sein konnte? Ich denke, Mandy fühlte damals wie ich: Wir lagen in unseren Krankenhausbetten und kaum ging es uns besser, liefen wir in Gedanken unsere Figuren, schätzten Sprungverläufe ein und trainierten, liegend noch, erste Muskelgruppen wieder. Wir mussten üben, wir konnten nicht anders. Ganz normal und doch irgendwie verrückt! Es waren immerhin zwei, drei Jahre für jeden von uns vergangen, ohne dass wir ein nennenswertes Ziel hatten. Nun, nachdem die Zielfindung gemeistert war, wollten wir auch durchstarten.
Vielleicht heilten deswegen unsere Wunden schneller; jeden Tag besprachen wir mit den Ärzten unsere Situation und die nächsten Schritte. Mit Dr. Manfred Kupfer hatten wir einen ganz Großen seiner Zunft an unserer Seite. Das Knie bewegen, 25 % beugen, 40 % – Hurra! Ein 90°-Winkel!
Nach langer Zeit des Stillstandes wollten unsere tatendurstigen Körper bewegt werden. Unser hoch motivierter Geist schrie förmlich nach Arbeit.

Dabei hatten wir auch eine ganze Menge Pech – erst die Knie-OPs, dann ein entzündetes Nagelbett. Nicht lange darauf landete Mandys Ellenbogen in meinem Gesicht und verpasste mir ein Veilchen und eine deftige Gehirnerschütterung. Wieder entstand zwangsweise eine kleine „Verschnaufpause". Wir aber befanden uns in so unglaublich guter Verfassung, dass man den Eindruck gewinnen konnte, dass nichts und niemand uns aufzuhalten vermochte. Für die Anfangsjahre sollte es tatsächlich so sein.

Es folgten Pressekonferenzen und Interviews, die wir als Paar mit unserer offenen Art gut bestritten. Wir besaßen das gewisse Etwas, das unseren öffentlichen Auftritten guttat, uns Sympathien brachte und manches Herz erobern ließ.

Als wir 1993 zu den Weltmeisterschaften nach Prag fuhren, hatten wir nicht damit gerechnet, so weit vorn zu landen. Wir durften am anschließenden Schaulaufen der Preisträger teilnehmen! Das hieß für uns, mit dem Taxi zu später Stunde nach Chemnitz zu sausen und mit Andreas Eckelmann innerhalb eines Tages neue Tänze für die anstehenden Schaulaufen einzustudieren.

Meine Eltern fuhren uns am Tag darauf wieder nach Prag und saßen selbstverständlich als Gäste des Schaulaufens auf der Tribüne.

Die Ereignisse überstürzten sich förmlich, als ob wir die verstreichende Zeit noch überholten. Nur wenige Tage später rauschten wir mit dem Schaulauf-Tross weiter nach Mailand. Mandy und ich liefen in vielen Städten Europas und hinterließen dort unsere eisläuferischen „Visitenkarten". Es ging uns mehr als gut. Die Entscheidung, zusammen zu laufen und an uns zu glauben, bestätigte sich mit dem Prager WM-Silber und machte uns für den Augenblick fast euphorisch.

Zu jener Zeit, Anfang der 90er Jahre, begriffen wir auch: Eiskunstlauf galt als Sport der High Society, den musste man sich

leisten können! Wir trainierten ja seit zwanzig Jahren in den Leistungszentren der DDR und hatten gerade einmal drei Jahre Erfahrung im gesamtdeutschen Eiskunstlauf sammeln können. Die Unterschiede konnten größer nicht sein. Natürlich blieben Kosten an den Eltern der jungen Eisläufer hängen. Jedem aber war es möglich, den Sport auszuüben. Im Osten hieß es: „Hast du Talent, kannst du was – dann fördern wir dich!"
Das Leistungssystem war jedoch gnadenlos. Wenn man die Norm nicht brachte, war es gut möglich, dass man von einem auf den anderen Tag erledigt sein konnte. Ich selbst entkam dem Rausschmiss ja nur um Haaresbreite. Brachte man aber die Leistung, hatte man sich festgebissen und durchgekämpft, dann war man in der glücklichen Lage, viel Unterstützung zu bekommen.
Letztendlich, wie im Fußball, Handball oder Ballett, war jede sportliche Leidenschaft der Kinder von einem durchschnittlich verdienenden Ehepaar bezahlbar. Voraussetzung blieb, man musste etwas auf dem Kasten haben.

Der Erfolg hielt uns zusammen

Mandy und ich haben sechs Jahre bei den Amateuren verbracht und weitere sechs Jahre im Profisport. Ab 1998, nach den Olympischen Spielen in Nagano, wollten wir vom Eiskunstlauf leben. Zunächst haben wir jedoch vier Monate lang geprobt und neue Programme gebaut wie die Verrückten, damit wir im Winter fit sein würden.
Als das geschafft war, saßen wir wie die Kaninchen vor der Schlange vor unseren Telefonen und hofften, dass man uns für verschiedene Shows buchen würde. Überall auf der Welt finden

in jedem Winter diverse Wettkämpfe und Schaulaufen statt; das sind für Profi-Eiskunstläufer die Bretter, die die Welt bedeuten. Im Sommer und Frühherbst fürchteten Mandy und ich uns schon ein wenig. Würden Anfragen kommen? Vor allem, würden wir zwei Verletzungsspezialisten unversehrt in die Wintersaison gehen?

Natürlich hätten wir uns einfach für Eis-Shows verpflichten lassen können, doch solche Vertragsabschlüsse bedeuten meist eine langfristige Bindung; wir aber wollten doch frei sein und in alle Himmelsrichtungen stürmen können, um zu zeigen, was wir konnten.

Wir standen damals bei einem Management unter Vertrag und trotzdem war es ungeheuer schwierig, schnell genug Aufträge zu bekommen, um als Profi-Eiskunstläufer, die wir jetzt waren, zu überleben. Zu damaliger Zeit gab es tolle Läufer, vor allem in Amerika; wir waren nur ein Paar von vielen. Eine ganze Menge guter Leute wollten ein Stück vom Kuchen.

Nach und nach legten sich unsere Ängste – dank unserer Sponsoren, allen voran Swarovski. Eisläufer verwenden die kleinen Kristalle mit Vorliebe für ihre Kostüme, weil sich das Licht in ihnen so außergewöhnlich schön bricht. Swarovski sollte uns fast bis zum Ende unserer Karriere begleiten.

Irgendwann liefen wir auf der ganzen Welt. Für einen Werbespot in Finnland sollten wir einmal auf dem Gletscher laufen. Das Wetter hatte etwas dagegen, ließ den Tag wärmer werden als gedacht und so fuhr man uns stattdessen mit dem Eisbrecher aufs Meer hinaus, um uns zu filmen, während wir auf einer Eisscholle liefen. Wir fuhren mit dem tonnenschweren Schiff aus der Arktis zurück; Mandy und ich nahmen bei solchen Gelegenheiten überwältigende Eindrücke von fast allen Erdteilen mit nach Hause. Die werden bleiben bis ans Ende unserer Tage.

Wir waren später so gut beschäftigt, dass wir im Winter, wenn es hochkam, gerade mal zwei oder drei Tage freihatten. Ich glaube, wir waren das meistgebuchte Paar damals, wir hatten über 100 Vorstellungen jährlich. Im scharfen Kontrast dazu standen die nur vom Training ausgefüllten Sommerwochen. Mandy und ich konnten nur gemeinsam erfolgreich sein und deshalb kamen wir gut durch jene Jahre. Wir hatten uns allerdings nicht mehr allzu viel zu erzählen, nach so langer Zeit unterhielten wir eine professionelle Arbeitsbeziehung.

Die Leute feierten uns, sobald wir das Eis betraten. Mandy war mir die perfekte Partnerin und ich passte zu ihr wie die Faust aufs Auge: sie blond und ich dunkel, sie zart und ich athletisch. Wir kannten uns in Hebungen und Sprüngen aus und liefen interessante Programme. Wir besaßen alles, was möglich und nötig war, um erfolgreich zu sein.

Bei den Olympischen Spielen 1998 hatten wir eine Einschaltquote von 43 Prozent. Ich glaube, die Zuschauer warteten auf uns, sie lauerten förmlich, weil es zwischen uns knisterte – mal sprühten Funken, mal zischten Blitze zwischen uns hin und her; das machte uns für das Publikum interessant.

Manuela Landgraf und ich überzeugten 1984 zu den Juniorenweltmeisterschaften nur durch unsere Leistung und mit nichts anderem, denn wir waren ja noch halbe Kinder. Mandy und ich dagegen lernten Jahre später, uns auf dem Eis schauspielerisch zu bewegen. Wir verkörperten das perfekte Paar, ob wir es nun waren oder nicht.

Der Gedanke an Verletzungen spielte in den ersten Jahren eine untergeordnete Rolle. Ich ging nie mit dem Bewusstsein ans Eiskunstlaufen heran, dass man sich dabei ganz gut die Knochen kaputtmachen kann. Stattdessen dachte ich immer: „Wenn ich mich vernünftig bewege, dann funktioniert das auch! Sport hält Körper und Geist in Form!"

Unser Sport hat aber durchaus auch etwas Mörderisches an sich. Letztendlich kommt es darauf an, in welcher Dosierung man sich dieser Leidenschaft hingibt. Ich habe im Laufe der Jahre ein immenses Trainingspensum absolviert. Geschätzt 60.000 Stunden kommen da zusammen. Zu einem bestimmten Zeitpunkt erkannte ich, dass meine Knochen auf dieser Reise übers Eis heftig leiden. Wie auch anders? Leistungssport bedeutet Entbehrungen, Schmerz und Tränen. Es heißt, immer mehr Leid als Freude.

Im Januar 1994 verließ uns das Glück. Bei den Europameisterschaften in Kopenhagen landeten wir auf dem 5. Platz! Er war hart erkämpft, aber wir wollten mehr, wir hatten ein noch größeres Ziel. Natürlich wollten wir 1994 zu den Olympischen Winterspielen in Lillehammer eine Medaille holen, was für eine Frage! Wir hatten weiter trainiert, wild und besessen, gut getragen von unseren Erfolgen.

Ein böser Sturz

Vielleicht erinnern Sie sich an den schlimmen Unfall, den Mandy in der Kür hatte und nach dem ich sie vom Eis tragen musste? Eigentlich sollte es nach einem mehr schlecht als recht durchgestandenen Kurzprogramm in der Kür besser werden. Allerdings geschah das Gegenteil, Mandy blieb mit ihrem Schlittschuh in einem Eisloch hängen und krachte so fürchterlich aufs Eis, dass sich totale Stille über das Eisstadion legte.

Mandy fiel mit Kinn und Brustkorb auf die Eisfläche. Der Aufprall nahm ihr die Luft und ich stand völlig hilflos neben ihr. Wir waren in diesem Augenblick allen und jedem ausgeliefert. Die Kameras machten ihre Bilder und filmten und fotografierten uns. In diesen Momenten war ich frei von aller Verstellung oder Disziplin. Ich konnte nichts kontrollieren.

Mein erster Gedanke war, dass ich sie vom Eis tragen musste, damit der Arzt zu ihr kommen konnte. Und dann würden wir sicher weiterlaufen. Es würde ja hoffentlich nichts Schlimmes passiert sein! Wir mussten weiterlaufen, das Publikum wartete! Dafür hatten wir doch das ganze Jahr trainiert! Solche Sätze schossen mir durch den Kopf. Ich war Teil eines surrealen Films, wirklich zu mir durchdringen konnte keiner. Ich war nur Gefühl. Wir hatten uns zum Ziel gesetzt, es allen zu zeigen. Hier wollte ein Superteam gewinnen. „Was habe ich falsch gemacht?", dachte ich. „Warum bin ich nicht weiter drüben gelaufen? Vielleicht wäre das Eis dort besser gewesen?" Sieben Paare hatten vor uns schon ihre Kür gezeigt und dem Eis ihre Spuren aufgedrückt. In einer dieser Vertiefungen war Mandy hängen geblieben und gestürzt. Einer der schwärzesten Tage meines Lebens. Es versteht sich, was wirklich zählt, ist, dass meine Partnerin keine bleibenden Schäden davongetragen hat. Doch in diesem Moment zerbarsten meine Träume von Sieg und Medaille. Aus und vorbei. Heute kann ich das Geschehene nüchtern betrachten, aber damals wüteten Verzweiflung und Enttäuschung in mir. Also noch einmal vier Jahre auf die große Chance warten und jeden Tag dafür trainieren? Eine lange Zeit. Was da alles passieren kann ...

Von überall her wogte Mandy Mitgefühl entgegen und mir als ihrem Partner ebenso. Der russische Sieg von Jekaterina Grodejewa und Sergei Grinkow rückte ungerechterweise in den Hintergrund. Überall, wo wir später auftauchten, fühlte unser Publikum mit uns. Liebevolle Briefe kamen angeflattert, mit Bildern und Fotos und den Wünschen für schnelle Heilung. Sogar aus Amerika kam Fanpost. Eine Schulklasse machte uns auf rührende Weise Mut, weiterzulaufen.

Vier Wochen später fanden die Eiskunstlaufweltmeisterschaften in Tokio statt. Mandys Prellungen und Schürfungen waren gut auskuriert und so liefen wir dort die gleiche Kür wie in Lillehammer und gelangten irgendwann an den Punkt, an dem Mandy in der olympischen Kür gestürzt war. In diesem Augenblick applaudierte das Publikum im japanischen Chiba, gab so seinen Respekt kund. Als Zeichen, dass wir die Geste verstanden hatten, und weil ich am Ende der Kür diese Eingebung hatte, trug ich Mandy auf die gleiche Weise wie in Norwegen mit einem 4. Platz vom Eis.

Wir durchlebten gute Zeiten damals. Bei einem nachfolgenden Schaulaufen quer durch Deutschland trugen uns die Zuschauer förmlich auf Händen. In jeder Stadt absolvierten wir ein „Heimspiel", alles fühlte sich perfekt an. Wir gehörten beide einer Sportfördergruppe der Bundeswehr an, hatten unser Auskommen und verdienten mit dem Schaulaufen gut dazu. Außerdem

– nicht ganz unerheblich – hatten wir uns ineinander verguckt. Wir verliebten uns irgendwo zwischen Training und Wettkampf, zwischen Abend und Morgen ineinander. In diesem halben Jahr unserer Liebesbeziehung waren wir uns sehr, sehr nah. Wir waren so nah beieinander, wie wir es später nie wieder sein sollten. Was ist besonders daran, wenn zwei junge Menschen mit den gleichen Zielen und ähnlicher Energie, mit Leichtigkeit und großer körperlicher Nähe zueinanderfinden? Und ist es spektakulär, wenn sie wieder voneinander ablassen? Heute, da mir nur noch ein paar Jahre bis zum 50. Geburtstag fehlen, kann ich alles weiser betrachten. Aber damals? Ausgeschlossen. Wir zwei leidenschaftlichen jungen Menschen kosteten jedes Gefühl bis zur Neige aus: Liebe, Zorn, Eifersucht, Triumphieren und zärtliches Versöhnen.

Bis wir beschlossen, nur noch eine professionelle Arbeitsbeziehung zu unterhalten – und das auch konnten –, musste Zeit ins Land gehen und ein leidenschaftliches Auf und Ab unserer Gefühle gelebt werden. In der ersten großen Krise, die unseren wunderbaren Zeiten einen gehörigen Dämpfer verpasste, half uns unsere damalige Managerin Meisi Eck mit ihrem Mann Hartmut. Sie reisten über Nacht von Stuttgart nach Chemnitz und wir redeten viele Stunden. Am nächsten Morgen war zwischen Mandy und mir alles wieder gut. Mit Meisi und Hartmut hatten wir das beste Management für uns gefunden, da sie nicht nur finanziell an uns interessiert waren, sondern uns auch menschlich nahestanden.

Gut so, denn wir bereiteten die nächsten Europameisterschaften vor und warteten mit einer Kür auf, die einen außerordentlich hohen Schwierigkeitsgrad besaß.

Bis heute liebe ich es, wenn wir es schaffen, auf dem Eis sowohl emotional zu sein als auch sportlich unsere Grenzen auszuloten.

In Dortmund, zu den Europameisterschaften 1995, zeigten wir, was wir draufhatten. Nicht nur den dreifachen Wurflutz, den dreifachen Toeloop und parallel den doppelten Axel, sondern auch alle anderen Höchstschwierigkeiten. Außerdem zeigten wir eine neue Hebefigur, die wir selbst erfunden hatten. Sie wurde „Klappmesser" genannt und gehörte seitdem zu unserem festen Repertoire. Hinter uns lagen anstrengende Wochen und Monate, während derer wir uns im täglichen Training körperlich alles abverlangten und unsere Herzen auch wieder im Gleichklang schlugen. Bei der EM in Dortmund standen wir am Schluss ganz oben auf dem Treppchen. Die Choreografie schrieb kein anderer als Andreas Eckelmann und ich denke, ihm haben wir in jenem Jahr die 6,0 der Kampfrichter in der B-Note zu verdanken.

Foto: Barry Mittan

Wieder hieß es reisen, schaulaufen, Empfänge besuchen. Erneut galten wir als gefragte Interviewpartner und oft fanden wir uns im Sportteil der Tageszeitungen wieder. Wir traten im Fernsehen auf und erhielten weitere Werbeverträge. Mit Susanna Rahkamo und Peti Kokko, den Europa- und Vizeweltmeistern im Eistanz, erweiterten neue Choreografen das Team, denn wir wollten verstärkt Elemente aus dem Eistanzen einbauen.

Parallel dazu wurden wir nach und nach bekannter und öfter auf der Straße angesprochen, nicht nur in Chemnitz, wo unsere Eis-

Edmund Doberstein (re.) lud uns – Andreas Eckelmann, Mandy Wötzel, Monika Scheibe und mich – nach unserem EM-Sieg 1995 zum Empfang in die BMW AG Niederlassung Chemnitz ein. (Foto: BMW AG)

laufwiege stand. Beim Training schauten immer mehr Fans in den dafür vorgesehenen Zeiten zu; man nahm uns in der Öffentlichkeit viel stärker wahr als früher. Ein unangenehmes Gefühl war das nicht, um es einmal zurückhaltend auszudrücken. Vielleicht half uns das, die nachfolgenden kleinen und größeren Katastrophen besser zu ertragen. Unsere Knie meldeten sich zurück. Wen wundert es, bei dieser Dauerbelastung! Mandy und ich liefen und sprangen und probierten Neues aus; da mussten unsere Knie viel aushalten. Dafür forderten sie nun Rücksicht und Ruhe ein. Erneut half uns Dr. Kupfer, die „Scharniere" wieder fit zu bekommen. Er, seine Frau und andere Sportmediziner vollbrachten wahre Wunder. Erfahrene Physiotherapeuten linderten den unausweichlichen Verschleiß unserer Gelenke.

Wieder holten wir uns Lob und Bewunderung für unsere besondere Kür, diesmal bei den Deutschen Meisterschaften in Berlin-Wedding. Jetzt aber hatten es unsere Herzen nicht leicht, denn von nun an gingen sie endgültig getrennte Wege. Wir taten uns schwer, damit zurechtzukommen. Monika Scheibe, meine Eltern und einige gute Freunde meinen heute noch, es sei ein Alptraum gewesen. Sie übertreiben, ich bin mir ganz sicher!

An der Spitze dabei

Wir brauchten nicht lange, um zu begreifen, dass wir nur mit einem vernünftigen Miteinander weiter auf dem Eis zusammenarbeiten konnten. Natürlich wollten wir weiter Geld verdienen. Nicht umsonst hatten wir jahrzehntelang trainiert und einen Riesenerfolg eingefahren. Klar wollten wir vom Kuchen weiterhin ein großes Stück abhaben.

Unser Beruf zeigte sich zudem von einer wundervollen Seite: Er führte uns in die ganze Welt. Wir kannten nicht nur die europäischen Eisstadien, sondern auch ihre schönsten Städte – Weltstädte und Hauptstädte. Wir liefen in Paris und Cannes, in Birmingham und London. Die Menschen sahen uns in Wien, Berlin, Amsterdam und Tokio. Wenn man im Eiskunstlauf Erfolg hat und das Publikum einen liebt, dann stehen einem beinahe alle Länder offen.

Mandy und ich wollten dieses schöne Leben weiterführen. Deshalb einigten wir uns und fuhren zum Schaulaufen nach Amerika; man hatte uns für 35 Showveranstaltungen innerhalb von sechs Wochen verpflichtet. Mandy und ich eroberten uns das amerikanische Publikum in vielen Bundesstaaten und trainierten dabei unser Durchhaltevermögen.

Mit unserem Management vereinfachte sich vieles. Ein großer Stab kümmerte sich nun um alles, vom Catering über Trainingszeiten und Hotelzimmer bis zum Sightseeing. Unsere Tagesabläufe planten andere für uns und sie machten ihre Sache gut. Wir hatten im Prinzip nur die Tasche mit unseren Schlittschuhen dabei. So wurde es machbar, das mächtige Pensum an Shows zu bewältigen. Natürlich lief nicht immer alles optimal. Da hatten wir mal zu wenig Zeit, um uns einzulaufen, dort übernachteten wir sehr weit von der Eishalle entfernt. Immer jedoch konnten wir die Stunden in der Halle genießen, wenn das Publikum so dankbar für das war, was wir zeigten. Und wir dankten ihm für die Anerkennung. Wie die Motten, die im Licht herumschwirrten, wussten wir und all unsere Eiskunstlaufkollegen sehr zu schätzen, dass wir nach den harten sommerlichen Trainingsmonaten zeigen durften, was wir konnten.

Einmal nahmen wir uns 14 Tage frei vom Eis. Zwei Wochen lang stiefelte ich durch Südafrika und schnüffelte die Atmosphäre des fremden Landes. Die beiden Wochen waren ein Traum! Endlich einmal ohne den anderen zu sein war herrlich; Mandy und ich genossen unsere eisfreie Zeit in vollen Zügen! Aber schwierig blieb es für uns beide. Da unsere Liebesbeziehung nach wenigen Monaten in die Brüche gegangen war, blieb es über lange Strecken ein Balanceakt, der uns wechselseitig schwer zu schaffen machte. Wir konnten von uns nicht lassen und wollten uns nicht mehr haben. Es war genau das, was man eben aus Filmen, Büchern und dem Leben kennt. Aber ihr wie mir war klar, dass es nicht leicht werden würde, jemand anderen zu finden, der so perfekt passte. Auf dem Eis waren wir einfach symbiotisch.

Was wir konnten, war, dem Zuschauer auf dem Eis eine perfekte Illusion zu verkaufen. Das Traumpaar, das füreinander geschaffen war. Das war schon ziemlich professionell. Dann schrieb die Choreografin Diana Goolsbey gemeinsam mit mir eine neue Kür. Es entstand ein fantasievolles Programm voller Kraft und Poesie.

1997 gewannen wir zum vierten Mal die Deutschen Meisterschaften, standen auf dem obersten Treppchen. Wir kämpften weiter, arbeiteten Tag für Tag an uns, diszipliniert und von unserem Willen getrieben. Und dann endlich, im gleichen Jahr, holten wir uns in der Schweiz die goldene Medaille zu den Weltmeisterschaften. Die Zeitungen lobten uns in höchsten Tönen, der Chemnitzer Bürgermeister empfing uns und wir bekamen wieder einen herrlichen fahrbaren Untersatz gestellt – auf Anregung des damaligen Geschäftsführers Mike Thiede unterstützte uns das Chemnitzer Toyota-Autohaus in all unseren aktiven Jahren. Mandy sauste mit ihrem roten Cabrio durch Chemnitz und meinen gelben Toyota Cellina, einen Sportwagen mit dem Kennzeichen C-JA 1 – „Ja zum Erfolg, Ja zu Chemnitz", hatte sich das Autohaus ausgedacht – kannten in Chemnitz viele. Ich fuhr ihn natürlich gern.

Das Autohaus sponserte uns in all unseren aktiven Jahren und wir waren dafür sehr dankbar. Bei „Holiday on Ice" stiegen wir werbewirksam vor großem Publikum in die schicken Schlitten. Nicht nur wir waren glücklich über unsere Erfolge, sondern auch viele andere, die dazu beigetragen hatten. Zuallererst natürlich unsere Trainerin. Unsere Medaillen waren ebenso ihre; für sie, als Trainerin, ein bedeutender Erfolg. Andere standen weniger im Rampenlicht und hatten genauso geholfen. Ohne die Eismeister kein Eis, ohne Schneiderin keine Kostüme. Keine Kraft und Ausdauer ohne die Übungsleiter der entsprechenden Bereiche. Und was hätten wir schon ohne unsere Physiotherapeuten und Sportmediziner zustande gebracht, die unsere Verletzungen kurierten.

Ich bin wirklich stolz darauf, dass in den zurückliegenden zehn Jahren, während derer ich als Coach arbeitete, keiner meiner Sportler eine ernsthafte Verletzung erlitt. Ich glaube, dass meine Art, die Sportler zu führen, das Risiko für Blessuren minimiert. Vor allem die begleitende Vor- und Nachbereitung hängt damit zusammen, also gemeinsames Aufwärmen und Dehnen vor und nach dem Training. Natürlich ist der eine Sportler mehr, der andere weniger anfällig für Verletzungen. Klopfen wir mal auf Holz, dass allen meinen Schützlingen größere Unfälle erspart bleiben, schließlich gibt es auch ein Leben nach dem Sport und das sollte jeder Leistungssportler freudvoll genießen dürfen. Zurück zu den Geschehnissen 1997. Erneut stand also eine lange Schaulauftournee bevor und noch einmal ging es damit über den Großen Teich, in die USA und nach Kanada. Die Schlangen an den Kassen waren lang und Tausende saßen in den Hallen. Ich erinnere mich noch gut daran, wie könnte ich das auch vergessen: Als wir in Phönix liefen, bekamen wir Standing Ovations von über 34.000 Zuschauern. Es war berauschend, wie in einem riesigen Kolosseum! Tja, und dann bettelten unsere Knie um Ruhe und ich musste wieder unters Messer. Die Ärzte beschlossen, dass wir es etwas ruhiger angehen sollten. War das die berühmte Ruhe vor dem Sturm? Eigentlich stand ja die Vorbereitung auf Olympia ins Haus. Doch es sollte alles anders kommen.

Mein letzter Kampf

Die Krönung meiner Laufbahn erfolgte 1998 mit der Bronzemedaille bei den Olympischen Spielen. Das edle Metall glänzte wie Gold für Mandy und mich, weil wir es uns unter extrem schwierigen Bedingungen erliefen.
Im November, drei Monate zuvor, stand ich für einen Augenblick ziemlich unglücklich auf der Straße. Ich hatte damals erste Versuche unternommen, als Selbstständiger Geld zu verdienen, und besaß einen kleinen Laden. Neben dem Eiskunstlauf wollte ich mich in einer anderen Branche ausprobieren und hatte dafür auch eine zündende Idee gehabt: Die Kombination aus Waschsalon und Pub lief gar nicht so schlecht. Wäsche waschen lassen und nebenbei kommunizieren, Kaffee oder Bierchen trinken, das kam ziemlich gut an.
Leider nur für kurze Zeit, dann ging jemandem das Geldverdienen nicht schnell genug und so floss viel Geld in Taschen, in die es nicht gehörte – in meine jedenfalls nicht mehr. So viel dazu. Als noch Wäsche gewaschen und Bier getrunken wurde, schaute ich zwischen Training und Training immer mal nach dem Rechten.
Eines verhängnisvollen Tages, ich stand auf der Straße und wollte gerade in mein Auto steigen, kam ein Wagen angeschos-

sen und erwischte mich schwer am Unterarm. Der Crash riss die Bänder an und es begann erneut eine Ärzte-Odyssee, von Therapie zu Therapie. Auf jeden Fall konnte ich bis Olympia nicht mehr trainieren.

Es ist ja immer so, dass man im Sommer hart trainiert, damit man die Wettkämpfe im Winter gut laufen kann. Die Eiskunstläufer müssen zu Beginn der Winterzeit in absoluter Topform sein und ihr höchstes Level erreicht haben. In Lillehammer hatte es uns ja dann auf die Bretter geworfen. Olympia stand für uns also unter ganz schlechten Zeichen.

Ich hatte, um nicht aus der Übung zu kommen, die Saison mit zwei Knie-Operationen begonnen. Drei Wochen später liefen wir in Gelsenkirchen unseren ersten Grand Prix und haben ihn gewonnen! Trotz meiner Blessuren haben wir alle geschlagen. National und international fanden wir damals große Beachtung; nach Meinung der Szene erwartete uns eine große Karriere.

Und dann dieser Unfall! All die Jahre hindurch war ich davon ausgegangen, mit meiner unverwüstlichen Gesundheit bis ins hohe Eiskunstläuferalter hinein Kür und Pflicht zu laufen und noch zahlreiche Wettkämpfe zu absolvieren. Ich glaubte an meine Unverwundbarkeit.

Bis zum Grand Prix in München kämpfte ich mich trotz großer Schmerzen durch. Bedauerlicherweise war übersehen worden, dass durch den Unfall auch einige Halssehnen angerissen waren. Durchs Kurzprogramm kamen wir noch gut durch und lagen vorn, in der Kür konnte ich meinen Arm aber kaum noch bewegen. Wir liefen die 4:40 zu Ende und ich habe versucht, den Arm, so gut es ging, unten zu halten. Das Programm erschien mir wie eine halbe Ewigkeit.

Trotzdem holten wir uns die silberne Medaille unter den Top-Paaren in München. Nachdem die Siegerehrung vorbei war und sich alle im Hotel trafen, um gebührend zu feiern, beieinander zu sitzen und über die verschiedenen Bewertungen und Küren zu fachsimpeln, war ich allein und in Gedanken. Was würde nun aus meiner Olympiateilnahme werden? Zu Hause in Chemnitz schob man mich in die Röhre und im Ergebnis der Computertomografie erfuhr ich, dass mit dieser schweren Verletzung meine Zeit als Eiskunstläufer zu Ende gegangen sei. Aus. Vorbei.

Auf meine Entgegnung, dass im Februar Olympische Spiele stattfinden würden, denen ich nicht als Zuschauer, sondern mit meiner Partnerin Mandy Wötzel als Teilnehmer beiwohnen wollte, erntete ich nur ein mitfühlendes, kopfgeschütteltes Nein. Der Rest ist schnell erzählt. Weder mir und meinem Ehrgeiz noch Mandy wollte ich die Olympischen Spiele versagen. Ich hielt Einzug in den heiligen medizinischen Hallen der Reha-Klinik von Dr. Kupfer und seiner Frau. Rund um die Uhr bekam ich dort die beste Behandlung, die man sich nur denken kann. Ich fand in den beiden medizinischen und menschlichen Halt. Wären diese warmherzigen Spezialisten nicht an meiner Seite gewesen, dann hätte ich das olympische Feuer nicht brennen sehen, jedenfalls nicht als Sportler, sondern nur als Zaungast. Nur wenigen Menschen verdanke ich so viel und fühle mich so verbunden wie mit ihnen. Auch Physiotherapeuten standen Tag und Nacht an meiner Seite, sie alle vollbrachten wahrhaft Meisterliches in jener Zeit. Bis zu den Spielen stand ich jedoch nicht mehr auf dem Eis.

Dort trainierte Mandy eisern allein bis zu unseren Auftritten. Das alles war wahnsinnig schwer für sie. Es macht einen fertig, immer nur allein zu arbeiten, aber anders hätten wir das Wagnis nicht eingehen brauchen. Die Würfe und Hebungen konnte sie natürlich nicht probieren, aber in allen anderen Elementen hielt sie sich topfit und das war mein und unser Glück. Ich konnte mich zu 150 Prozent auf sie verlassen, als es bei Olympia darauf ankam.

Im Grunde genommen fielen alle Proben für das olympische Programm aus. Ein- oder zweimal gingen wir vorher zusammen aufs Eis, das war's auch schon. Ich hatte so sehr mit mir selbst zu tun, dass Mandy völlig auf sich allein gestellt war. Selbstverständlich half ihr unsere Trainerin Monika Scheibe und Freunde und Sportler versuchten, sie zu motivieren. Trotzdem, für Mandy muss es der Horror schlechthin gewesen sein. Um überhaupt antreten zu können, zeigten wir die Kür, die wir schon drei Jahre zuvor aufs Eis gebracht hatten. Wir liefen die Elemente zur Musik, die wir noch gut intus hatten. Das neue Programm war vor dem Hintergrund meines kaputten Arms von einem Augenblick zum anderen viel zu schwierig geworden.

„Augen zu und durch! Wir fahren jetzt zu unseren letzten gemeinsamen Winterspielen!" – So viel stand ja fest.

Ob ich eine Medaille holen wollte? Unbedingt! Trotz dieser schweren Verletzung? Gerade deswegen, es war meine letzte Chance, unsere letzte gemeinsame Chance auf olympisches Edelmetall. Aus diesem Grund wollte ich eine Medaille.

Und ja, ich wollte Gold, unbedingt! Meine Güte, das ganze Leben hatte ich trainiert, eine Spitzenläuferin an meiner Seite! Und ob ich Gold gewinnen wollte! Diese verdammte Verletzung konnte mich mal!

Eine halbe Stunde vor unserem Kurzprogramm ließ ich mir eine angemeldete Injektion geben, damit der Schmerz genau dann still war, wenn wir aufs Eis liefen. „Zieh das durch", dachte ich, „selbst wenn der Arm dich im Stich lässt, es ist dein letzter Wettkampf, zieh das hier bloß durch!"

Aber der Zeitplan bewies sein übliches Eigenleben – pünktlich, als wir zum Kurzprogramm aufgerufen wurden, kehrte der Schmerz zurück! In der Pirouette, als die Fliehkraft sich am Arm vergriff, einen Augenblick vor der Hebung wurde mir schwarz vor Augen. „Du kannst nicht aufhören, du hast nur noch diese eine Möglichkeit! Ein *vier Jahre später* gibt es für dich nicht mehr!", schrie eine Stimme in meinem Kopf. Dann ging es in die Hebung.

Ich glaube, in meinem Gehirn lagen in diesem Moment Bereiche „auf Eis", um den Augenblick zu überbrücken. Genaueres blieb mir nicht in Erinnerung. Ich versuchte, alles auszublenden und bis zum Schluss durchzukommen. Mandy half mir, so gut das eben ging, und versuchte, mich mit Blicken und manchem Druck in der Hand zu stärken. Das Publikum war wunderbar.

Wir zogen es also durch und ich hätte schreien können vor Schmerz, während wir vom Eis gingen. Damit hatten wir das Kurzprogramm bewältigt und waren glücklich; der erste Part lag, gut gemeistert, hinter uns. Wie ein Mantra wiederholte ich innerlich: „Wir schaffen das, wir schaffen das!"

Fotos: Reuters

Bald darauf rief man Mandy Wötzel und Ingo Steuer zur Kür auf. Für uns ein reiner Überlebenskampf. Von Element zu Element hangelten wir uns. Keine tolle Kür, nein, aber eine kämpferische, die uns honoriert wurde. Eine Bronzekür letztendlich, die für mich Gold wert war.

Diese Medaille überstrahlte für mich die Weltmeistertitel, die Titelkämpfe in Norwegen, einfach alles. Weil die Voraussetzungen, eine Medaille zu erringen, gleich null gewesen waren.

Ich habe weniger das Zeug zum Denker und Grübler. Ich zermartere mir nicht das Hirn darüber, ob eine Lage betrüblich oder hoffnungsvoll erscheint, ob meine Chancen besser oder schlechter stehen. In mir übernimmt dann mit eiserner Faust mein Wille die Führung und kennt nur eines: Weitermachen! Durchbeißen! Nicht verzweifeln!

Ob Fluch oder Segen, das entscheidet die jeweilige Situation; in verschiedensten Momenten hat mir dieses Nicht-aufgeben-wollen ja auch stattliche Blessuren eingebracht.

In der letzten Sekunde des Kürprogrammes geschah etwas Merkwürdiges. Meine Hand schloss sich zur Faust und fuhr an meinen Körper, ans Herz. Eigentlich erfolgt an dieser Stelle stattdessen eine elegante Handbewegung zu Mandy hin, etwas in mir hat mich bewogen, meiner letzten Bewegung eine andere Note zu verleihen.

Ich hatte es geschafft! Das steckte dahinter; mein letzter Wettkampf lag hinter mir und mit ihm auch der übermenschliche, lebenslange Druck. Trotz all der glücklichen Momente, obwohl das Publikum uns liebte und dieser Sport uns so viele Erfolge bescherte, war ich zutiefst erleichtert und überglücklich, dass es vorbei war. Viele kleinliche Streitereien, die nur Kraft kosteten und Frust schafften, lagen nun endlich hinter mir. Auch mit der Deutschen Eislaufunion und deren Zugangsbedingungen wollte ich nichts mehr zu tun haben.

Diese Gedanken schossen mir damals durchs Hirn. Ein Abschnitt meines Lebens ging in diesen Sekunden unwiderruflich zu Ende.

Nach sechs Jahren als Sportsoldat der Bundeswehr wurde ich 1998 nach den Olympischen Spielen verabschiedet und startete meine unabhängige Profikarriere.

Unser Leben hatte sich nun insofern geändert, dass wir aus dem „abgesicherten" in den „ungesicherten" Modus wechselten, weil die Bundeswehr als Finanzier entfiel. Doch wir trainierten weiter diszipliniert und kamen verschiedensten Verpflichtungen nach. Journalisten baten uns wieder um Interviews. Zahlreiche Autogrammstunden folgten, man lud uns zu Talkshows und unter anderem zu „Stars in der Manege" ein. Wir moderierten sogar die eine oder andere Sendung im Fernsehen und sollten mit unserem Besuch die „Feste der Volksmusik" aufwerten.

Dann passierte auf einer unserer Shows ein kleines Malheur. Unser Wurflutz ging daneben und ein Hieb von Mandys Ellenbogen legte mich auf die Bretter, brach mir die Nase und brachte mir ein blaues Auge ein. Bei den Würfen spielen Kraft und Geschwindigkeit eine große Rolle und geht etwas schief, muss man hin und wieder ganz schön einstecken können. Auch Mandy musste sich kurieren, denn ihre Knie wurden müde und brauchten Ruhe.

Das Jahr 2000 stopfte unsere Kalender so sehr mit Aufträgen voll, dass uns ganz schwindlig wurde, denn wir fuhren und flogen durch die ganze Welt. So lief es noch das nächste Jahr und im darauffolgenden einige Monate, dann stagnierte alles ein wenig.

Wir liefen bei den Profis und wollten auch dabei bleiben. Da wir ganz anders organisiert waren als früher, probten wir, wenn kein Schaulaufen anstand und keine PR-Arbeit geplant war.

Um im Geschäft zu bleiben, nahmen wir neue Figuren in unser Programm auf, zeigten akrobatische Sequenzen, die früher nicht erlaubt bzw. bewertet wurden. Es blieb also dabei, wir übten weiter und unsere Tage hätten 48 Stunden haben können. Manchmal forderte uns das Läuferleben auch ganz anders.

Für den Winter 2002 hatte uns unser Management für ein Schaulaufen in Nordkorea verpflichtet. Schon die Reise dorthin gestaltete sich abenteuerlich, wie ein Trip in die Vergangenheit. Von Frankfurt aus flogen wir über Peking nach Nordkorea. Als wir aus dem Flieger stiegen, empfingen uns bittere Kälte und ein Häufchen Koreaner, die aufgeregt und scheinbar planlos durch die Gegend stürzten.

Im Hotel herrschten keine Plusgrade und in Zimmern und Betten froren wir jämmerlich. Ich war bei meiner Abreise leicht erkältet gewesen und nun machte es sich die Grippe in meinem Körper so richtig gemütlich. Ein Erkältungsbad fiel aus, denn warmes Wasser gab es nur begrenzt und zu jenem Zeitpunkt gar nicht mehr.

Für ein ordentliches Trinkgeld erstand ich mir unten an der Rezeption eine Flasche Schnaps; ich sollte ihn, heiß gemacht, zusammen mit einer pflanzlichen Medizin schlucken, natürlich in geringer Dosis. Mir war alles recht – nur besserte sich mein Zustand nicht so schnell.

Zusammen mit dem Management entschied eine Medizinerin, dass ich nicht laufen durfte. Wer Leistungssportler bleiben will, muss auf seinen Körper hören und Kreislauf und Herz schonen. So blieb ich im Bett und die Vorstellungen fielen aus. Mandy schlug sich wacker und kümmerte sich um mich, wie alle anderen auch. Trotzdem war sie am Abend immer fix und fertig, denn auch ihr setzten die Umstände zu. Mir tat es vor allem für die Menschen leid, denen wir mit unserem Schaulaufen ihren grauen Alltag bestimmt etwas bunter gestaltet hätten. Die

Wohnblocks sahen trist und traurig aus; nur wenige Fenster lugten aus den grauen Fassaden, farbig leuchteten allein die Porträts vom Kim Il Sung, die an jeder Ecke hingen.

Die Menschen im Hotel waren liebenswert und freundlich zu uns. Die Concierge versorgte uns, die privilegierten Gäste aus dem Westen, zuvorkommend und gab uns das Gefühl, wirklich willkommen zu sein. Sie selbst schlief auf zwei zusammengestellten Stühlen in der Nähe eines Ölradiators.
Merkwürdig war nur, dass sich unsere Abreise verzögerte. Wollte man uns etwa nicht ausreisen lassen? Nachts lagen wir wach vor Kälte und in Erwartung des Heimfluges, der sich von einem auf den anderen Tag verschob. Schließlich holte man uns zu einem Gespräch, das eher an ein Verhör erinnerte. Wir sollten uns verpflichten, in Deutschland angekommen, die schon im Voraus überwiesene Gage zurückzuzahlen, anderenfalls kämen wir nicht nach Hause. Irgendwie klärte sich alles und man ließ uns heimfliegen mit einer der beiden Maschinen, die damals pro Woche nach Deutschland flogen.
Die Welt, in die wir zurückflogen, war eine ganz andere als die, die wir wieder verlassen durften. Immer mal wieder erinnere ich mich daran, wenn Nordkorea in unseren deutschen Schlagzeilen herumspukt.

Wie bereits erwähnt, hätten die Tage für mich damals 48 Stunden haben können, denn ich fuhr „mehrgleisig".
Zum einen waren da die Schaulaufen, die ich regelmäßig mit Mandy bestritt und für die ich nicht nur in Deutschland unterwegs war. Zum anderen trainierte ich Nicole Nönnig und Matthias Bleyer und noch ein weiteres Paar, Eva-Maria Fitze und Rico Rex. Außerdem hatte ich ja gerade einen Ausflug ins Unternehmerische hinter mir, dessen Ausläufer mir noch zu schaffen machten, und ich war in großer Zuneigung meinem kleinen

Sohn Hugo und seiner Mutter zugetan, die damals noch mit ihm in Berlin lebte. Ich drehte mich wie ein Kreisel, denn mein Motto hieß ja „Alles oder nichts".

Mit meinen Sportlern wollte ich vorwärtskommen; das hieß, das Training begleiten, Pläne aufstellen, Musiken für Kürprogramme finden und zusammenschneiden. Ich durfte und wollte auch choreografisch nicht schlafen, Ideen für Kostüme mussten entwickelt werden und natürlich brauchte ich auch Zeit, um mit Mandy für unsere Shows zu arbeiten. Für diese mussten wir uns immer Gedanken machen, wir hatten schließlich einen Ruf zu verlieren und wollten in den Profiwettkämpfen zeigen, dass wir ganz vorn mitmischten. Unser Publikum liebte uns und nichts sollte sich daran ändern; wir wollten es überraschen und uns immer wieder seiner Zuneigung versichern. Gleichzeitig setzten wir alles daran, im Geschäft zu bleiben. Mandy und ich wollten Geld verdienen, also achteten wir darauf, dass wir so oft wie möglich in der Eishalle trainieren konnten.

Dass ich mich ständig nach Steuer Junior und seiner Mama sehnte, die ja aber in Berlin lebten, versteht sich von selbst. So dauerte es nicht lange, bis die Kiste an allen Ecken und Enden zu klappern begann. Nichts lief mehr glatt, zudem forderte Mandy meine ganze Kraft für unsere Arbeit. Ihr und mir gehörten an jedem Dienstag die Nachmittagsvorstellungen bei „Holiday on Ice".

Ich fuhr am Morgen in Chemnitz los und traf Mandy – ohne mich einzulaufen – vor ausverkauftem Haus auf dem Eis. Sie kam von links, ich von rechts und unser erstes leises „Hallo" tauschten wir in der Mitte der Eisfläche. Wir liefen unsere Kür und boten dem Publikum ein perfektes Paar auf dem Eis. Zwischen uns beiden gab es kaum mehr als knappes Begrüßen und Verabschieden; sie war alles andere als erbaut über meine zahlreichen Verpflichtungen.

Damit baute sich natürlich gewaltiger Druck auf. Ich konnte mich doch unmöglich zwischen den Shows, die ich selber lief, und meiner Arbeit als Coach entscheiden! Dazu muss man wissen, dass ich als Trainer für die DEU bis dahin eine zuverlässige Größe war, die ich auch bleiben wollte. Nachdem ich 1998 aus der Bundeswehr entlassen worden war, stellte ich vier Jahre später in Chemnitz den Antrag auf Wiederaufnahme in die Bundeswehr; 2001 hatte ich die Trainerlizenz C erhalten, ein Jahr darauf die B-Lizenz und drei Jahre später, 2005, sollte die Trainerlizenz A dazukommen. Wieder füllte ich Papiere aus, hatte verschiedene Gespräche und wurde am 1. Juni 2003 für ein halbes Jahr auf Probe eingestellt. Ich fühlte mich als Trainer und Sportler im Verband geachtet und geschätzt.

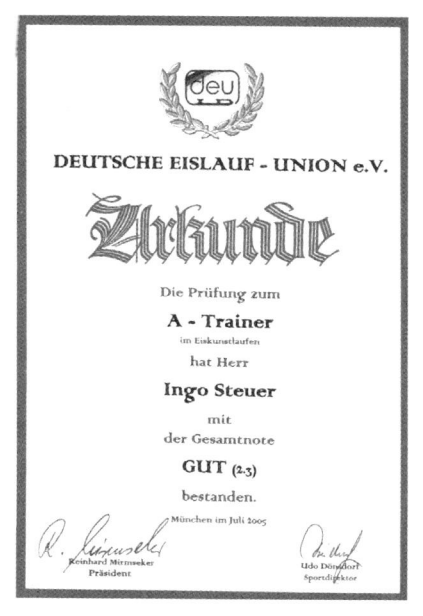

Damals träumte ich davon – und hoffe es noch immer –, dass Chemnitz wieder zur Hochburg des Eiskunstlaufes erblüht. Ständig stand ich unter Strom. Ich wünschte mir, dass aus der Chemnitzer Eislaufhalle begnadete und extrem gut ausgebildete Eisläufer in die Welt hinausgehen und dass wir einst international als Ausbildungsort bekannt und gefragt sein würden. Ich wollte alles und das zur gleichen Zeit. Seit Langem kämpfte ich erfolglos um einen Assistenztrainer, um mich zu entlasten. Aber das war schwierig und ich fühlte mich damals mächtig allein mit meinen Aufgaben.

Als alles über mir zusammenschlug und mir Training, Eiskunstlauf, die Übungsstunden mit meinen Paaren und mein eigener Anspruch als Familienvater über den Kopf wuchsen, warf ich das Handtuch und kündigte meine Trainerstelle zum 31. Dezember 2003 aus persönlichen Gründen.

Von einem Tag auf den anderen gab ich meinen Trainerjob auf. Ich erbat mir kein Gespräch bei der Deutschen Eislaufunion, suchte nach keiner anderen Lösung, weil ich diesem Druck von allen Seiten, so glaubte ich, nicht mehr gewachsen war. Ich hatte beschlossen, nur noch Shows zu laufen und mit meiner kleinen Familie zusammenzusein. Ich sah einfach nicht, dass es auch andere Wege gegeben hätte – durch meine Brille fiel damals kein anderes Licht.

In der Eislaufunion versetzte mein spontaner Ausstieg den Verantwortlichen einen regelrechten Schock. Damit hatte niemand gerechnet, eigentlich nicht einmal ich selbst. Ich wollte die Saison noch bis März zu Ende begleiten, dann sollte für mich als Trainer definitiv Schluss sein.

Nach zahlreichen Gesprächen entschloss ich mich im März 2004, doch weiter als Trainer zu arbeiten. Einen schriftlichen Vertrag darüber gab es nicht mehr, aber die mündliche Absprache galt als Zusage und wurde von der Bundeswehr weiter finanziell honoriert.

Resümee: Auf und Ab und höchste Professionalität

Während unserer Zeit als Paarläufer gab es für Mandy und mich gute und weniger gute Phasen – viele Male wurden wir zweiter Sieger, bei Olympia Dritter. Mehr als siebenmal in sechs Jahren wurden wir operiert und oft fehlte uns nur

die eine, entscheidende Trainingswoche, um in Topform zu kommen.
Ich frage mich ab und zu, wann wir eigentlich trainiert haben? Wenn ich bedenke, welche Titel wir eingeheimst haben! Wir führten die Weltrangliste an und gehörten immer zu den zwei, drei Besten. Nicht selten fehlte letztlich nur das Tüpfelchen auf dem i, dieses kleine Quäntchen zum Sieg. Das tut dem Ganzen keinen Abbruch; nie lief jemand doppelt den Weltmeistertitel ein, immer schwankten unsere stärksten Konkurrenten zwischen Platz 1 und 7. Wir gehörten über die Jahre zum Spitzenfeld.

Leider kamen wir während unserer gemeinsamen Zeit nie dazu, unsere Erfolge wirklich auszukosten, denn unsere emotionsgeladene Beziehung hielt uns viel zu sehr auf Trab.
Heute kann ich es in vollen Zügen genießen, wenn meine Sportler oben auf dem Treppchen stehen. Ich betrachte es aus der Ferne, sehe sie und das Drumherum und freue mich über ihren und damit unseren gemeinsamen Erfolg. Dann bin ich, einen Augenblick lang, von den Zehen bis zu den Haarwurzeln glücklich.
Und dann steigt mir mein Bild von damals vor Augen. Ich fühle heute noch, wie ich fast krank vor Ehrgeiz war. Die goldene Medaille hing mir kaum ein paar Minuten um den Hals und doch vermochte ich den aufsteigenden Ärger über Fehler in unserer Kür nicht zu bezwingen. Weltmeistertitel mit Beigeschmack, weil wir eine – für unsere Verhältnisse – schreckliche Kür gelaufen sind. Das ist schon verrückt.
In dem Erfolg von heute schwingt deshalb auch ein wenig die Freude über die Siege vergangener Zeiten mit. Vielleicht geht es Mandy ebenso. Ich sah sie einmal, als sie hier in Chemnitz zu Besuch war – zwei, drei Worte, ein leises Lächeln, eine flüchtige Umarmung. Es war eben viel geschehen.

Inzwischen lebt sie in Australien und kam kürzlich erneut vorbei, als ich gerade auf dem Eis war. Sie hatte ihr erstes Kind dabei und zum ersten Mal nach langer Zeit freuten wir uns beide ehrlich, uns zu sehen.

Foto: Barry Mittan

7. Kapitel
Jeder Morgen ist eine neue Berufung

Ein neuer Weg - Trainer sein

Als Mandy und ich 1998 bei den Amateuren ausstiegen, zu den Profis wechselten und zum Schaulaufen gingen, galt der Eiskunstlauf in Deutschland etwas. Natürlich waren wir damit viel weniger in den Medien präsent als beispielsweise der Fußball, davon konnten wir nur träumen. National jedoch machten wir mit diesem Leistungssport – was Eiskunstlauf nun einmal ist – eine gute Figur.

Auch international mussten die Deutschen ernst genommen werden, denn sie konkurrierten immer um die vordersten Plätze. Einige Zeit zehrte der Verband noch von unserem Erfolg, wobei ich glaube, es hätte auch mit anderen Sportlern weitergearbeitet werden können, die auf einem guten Einstiegslevel liefen und nur darauf warteten, für das internationale Eislaufparkett aufgebaut zu werden. Wo aber waren unsere Nachfolger, die jetzt auf ihre Chance warteten?

In den Beginn meiner Trainerlaufbahn fiel praktisch der Niedergang des deutschen Eiskunstlaufs. Die Situation 1999 war katastrophal. Verzweifelt schlitterten und stolperten die deutschen Eiskunstläufer in Chemnitz der Weltspitze weit abgeschlagen hinterher, hatten den Anschluss verpasst. Auch aus Berlin waren keine neuen Eiskunstlaufsterne ans Firmament gezogen.

Ein Grund dafür liegt meiner Meinung nach in Folgendem. Für dauerhaften Erfolg darf man nie nachlassen. Obwohl es genug Geld für den Verband gab – oder gerade weil finanziell keine Not herrschte – mischten die deutschen Paare im Eiskunstlauf in der Welt nicht mehr wirklich mit. Es gab kein Eiskunstlaufen auf hohem Niveau mehr in Deutschland, keiner konnte mehr um Medaillen kämpfen. Es sollten ungefähr vier Jahre vergehen, bis 2003 der deutsche Paarlauf wieder salonfähig war.

Ich denke, dass Sportler, wenn sie unterstützt werden, die Pflicht haben, sich ins Zeug zu legen. Die meisten vielversprechenden Läufer erhielten über die Bundeswehr monatlich ihre Vergütung, mit der sich gut bis über den nächsten Monat hinaus leben ließ. Jedem sei das gegönnt, ich selbst habe als Sportsoldat lange davon profitieren dürfen. Für mich hieß das immer auch, mich zu schinden.

Wenn der Kampfgeist schwindet, dann macht mich das fuchsteufelswild. Ist man aber gezwungen, sich um sich zu kümmern, macht man meist Kopfstände und steuert engagiert auf seine Ziele zu. Ich weiß, wovon ich hier schreibe.

Wenn du das Letzte nicht gibst, bist du das Erste nicht wert

So verstehe ich meine Arbeit als Trainer. Ich kann mir nicht vorstellen, dass Sportler mit einer anderen Einstellung überhaupt Siegertreppchen besteigen. Hin und wieder laufen meine Sportler auch mit Zorn im Bauch und schnaufen vor Wut. Dann fällt es ihnen schwer, den Trainer noch zu mögen.

Mit meinen Erfahrungen einer sehr harten Eislaufschule fordere ich auch viel – die letzte Kraft und den äußersten Willen. Wenn sich Eiskunstläufer auf mich einlassen, müssen sie damit rechnen, dass ich ihren kompletten Sportsgeist brauche; weniger ist nie genug.

Manche sagen mir, ich wäre zu streng. Kann schon sein. Wieder andere kommen genau darum zu mir, weil ich diesen Ruf habe. Auch deshalb fragen ausländische Sportler bei mir an und wollen von mir trainiert werden. Das freut mich sehr. Weil ich hart für den Erfolg kämpfen musste und er mir nicht in den Schoß fiel, bedeutet er mir auch viel. Zudem sehe ich so Chemnitz als Ausbildungsstätte für den Eiskunstlauf wieder ein Stück vorankommen. Manchmal bin ich bestimmt zu hart, aber mit einem „Ich kann nicht mehr! Muss das jetzt wirklich noch einmal sein? Ich fühl mich heute schlecht, trainieren wir morgen weiter!" komme ich nicht gut zurecht.

Aljona Savchenko und Robin Szolkowy sind unter den internationalen Paaren im Eiskunstlauf dafür bekannt, dass sie kämpfen können und Nervenstärke besitzen. Ich denke, da stecke auch ich, der „harte Hund", dahinter. Aber der Reihe nach ...

Geliebter Knochenjob

Ich wollte nie wirklich Trainer sein; vielmehr schwebte mir vor, Choreografien zu schreiben, die andere Sportler mit ihren Trainern einstudieren sollten. Immer wieder, inspiriert von Musik, Choreografien finden und den Läufern auf den Leib schneidern, so oder so ähnlich stellte ich es mir vor.

Coach sein, das ist ein Knochenjob. Es erschien mir viel zu mühsam, über Jahre hinweg ein Paar zu betreuen, durch alle Widrigkeiten hindurch den immer gleichen Alltag in der Halle zu bestreiten, im wahrsten Sinne des Wortes. Wer kannte das schließlich besser als ich?

Als Matthias Bleyer und Nicole Nönnig mich baten, mit ihnen zu arbeiten, änderte sich etwas. Ich wollte es probieren. Anfangs holperte es ein wenig, wir mussten fühlen und begreifen, wie unser Verhältnis und die Trainingseinheiten in den nächsten Monaten aussehen sollten.
Nach den ersten Tagen als Trainer mit meinen ehemaligen Teamkollegen dachte ich dann: „Hoppla, das fühlt sich gut an!" Das war Neuland! Kraftvoll und energiegeladen warf ich mich in diese neue Aufgabe. Wir kamen gut miteinander aus, gingen herzlich und freundschaftlich miteinander um. Ein Trainer-Sportler-Verhältnis war das damals nicht.
Ich begann, wie ich auch heute beginne; einen detailliert ausgearbeiteten Plan entwickelte ich am jeweiligen Trainingsort weiter – schaute, prüfte, wägte ab und entschied die nächsten Schritte dann oft aus dem Bauch heraus. Den Fluss der letzten Bewegung aufnehmen und das nächste Elemente mit und aus dem Gefühl entstehen lassen, vielleicht lässt es sich so treffend beschreiben. Natürlich gehört intensives Aufwärmen dazu, Athletiktraining im Kraftraum, Ballett, Ausdauer und so weiter.
Parallel dazu trainierte ich für mich und natürlich mit Mandy und Monika Scheibe. Unsere Erfolge fielen damals in eine angespannte Zeit. Das Training lief nicht optimal, oft trabten wir missgestimmt nach Hause. Unsere Läufergruppe bestand natürlich aus mehr Sportlern als nur uns beiden. Dazu gehörten unter anderem Rico Rex, Matthias Bleyer sowie Robin Szolkowy.
Kurze Zeit später gingen mit Alexander König, der als zweiter Paarlauftrainer das Team von Monika Scheibe unterstützte, fast alle Sportler unsere Trainingsgruppe nach Berlin. Für König eröffneten sich dort neue Möglichkeiten.
In Chemnitz blieben für den Paarlauf praktisch nur Matthias Bleyer mit seiner neuen Partnerin Nicole Nönnig übrig – und

beide nur unter der Bedingung, dass sie künftig von mir trainiert würden.

Zwischenmenschlich brachte das die ohnehin instabile Situation im Eislaufzentrum enorm ins Wanken. Monika Scheibe war natürlich brüskiert und verstört. Jeder potenzielle Trainer kämpft um neue Reviere und Erfolg versprechende Sportler, und so gab es auch in diesem Bereich enorme Rivalitäten. Von der Anzahl und Qualität der Läufer war auch abhängig, wie viel Geld in die Tasche des Trainers floss.

Monika Scheibe arbeitete hauptamtlich als Paarlauftrainerin; so professionell wie die meisten Trainer, die diese Hochburg des Eiskunstlaufes über die Jahre hervorbrachte. Natürlich ist jeder Coach auf seine Weise besonders und gleichzeitig eigenartig. Ich bin das beste Beispiel dafür.

Wer will es uns verdenken? Verbringen wir doch unser gesamtes Leben in diesem kühlen Mikrokosmos. Wir entwickeln unsere Marotten, sind verschlossen oder offenherzig, sehr still und auch sehr laut. Mit jeder Körperzelle Individualisten und gleichzeitig, dem Trainingsalltag geschuldet, einer großen Monotonie unterworfen. Einige von uns sind sehr herzlich, andere kühl wie die Luft, in der wir arbeiten. Unsere Sportler sind uns dem Anschein nach „ausgeliefert" – so wie wir ihnen.

Natürlich hatte auch ich meine Schwierigkeiten mit meiner Trainerin – waren wir doch Tag für Tag auf dem Eis zusammen und den Widrigkeiten der alltäglichen Kleinigkeiten gnadenlos ausgeliefert. Bis auf die Pausen, die wir getrennt voneinander verbrachten, arbeiteten wir Tag für Tag fast ausschließlich unter ihrer Anleitung, von morgens bis abends. Erwärmung, Dehnung, Athletiktraining, Ausdauer, Läufe, Pirouetten, Hebungen, Sprungvorbereitungen, Elemente von Pflicht und Kür, wieder Dehnung, bis wir davon träumten. Auch wenn wir uns nicht sahen, wussten wir, was der andere gern zu Mittag aß und ob er den Kaffee mit Milch und Zucker oder lieber schwarz trank. Ein selbst gewähltes Martyrium.

Mandy Wötzel wollte von niemand anderem trainiert werden als von Monika Scheibe, denn sie schätzte und mochte sie sehr und so blieb es natürlich dabei. Wenn Monika Scheibe und ich uns heute in der Eishalle begegnen, reden wir gelegentlich über die vergangenen Zeiten und gleichen unsere Ansichten von damals und heute ab. Natürlich sehe ich heute vieles anders. Meine Sportler zum Beispiel durchleiden – wie ich damals – die unerbittlichen Wiederholungen. Und ich wiederum empfinde heute oft wie Monika Scheibe vor 15 Jahren. Fest steht aber auch, dass sie – wie damals mich – niemand dazu gezwungen hat, sich alldem zu stellen, sondern dass es ihr freier Wille war.

Schon früh bemerkte ich, dass ich ein ausgeprägtes Gefühl für die Verbindung von Musik und Bewegung besaß; dafür hatte Andreas Eckelmann die Weichen bei mir gestellt. In mir entstanden Bilder, wenn mich Melodien berührten – vorausgesetzt, die Musik erreichte mich wirklich und brachte tief in mir etwas zum Schwingen.

Daran hat sich bis heute nichts geändert, es ist unvergleichlich. Manchmal glaube ich, dass die Ideen nicht von mir stammen, sondern dass ich nur das Medium bin, durch das die Bilder nach außen treten. Verrückt! Da geht ein Fenster auf, ich sehe genau, wie die Kür sein wird. Es schieben sich Farben und Kostüme in meinen Kopf. Musik verwandelt sich in Emotion und diese emotionale Anrührung lässt in mir choreografische Elemente entstehen.

Einmal träumte ich, dass ich wieder einmal nachts in meinem kleinen Studio saß. Ich hörte eine Musik, die ich soeben erst zusammengeschnitten hatte. Ohne zu zögern schnappte ich mir die Jacke vom Haken. Ich konnte nicht anders, zog mich an, stieg ins Auto und raste in die Eissporthalle. Das Auto fuhr mehr mich, als dass ich es lenkte. Direkt bis an den Einstieg aufs Eis. Bis zum Morgen lief ich in meinem Traum die Elemente, die mir im Studio in den Sinn gekommen waren. Dann kippte ich todmüde, aber überglücklich ins Auto und es fuhr brav zurück in seine bzw. meine Garage.

Sinnbildlich verkörpert mich dieser Traum. Man kann nicht einfach aufhören zu arbeiten, wenn die Eingebung da ist. Erst, als meine Inspiration quasi schlafen gegangen war, konnte ich ihr folgen. Genauso geschieht es manchmal in der Realität. Plötzlich sind sie da, jene zündenden Ideen, die alles ins Rollen bringen können. Und dann schließt sich das Fenster der „inspirativen Empfängnis" wieder und wartet auf ein nächstes Beginnen. Das ist heute so und hatte eben zu dieser Zeit seinen Anfang, da sich für das Paarlaufen in Chemnitz einiges verändern sollte.

Nicole und Matthias hatten also für sich entschieden, nicht mit nach Berlin zu gehen, sondern in Chemnitz zu bleiben, wo für sie als Kinder das Leben auf dem Eis begonnen hatte. Und ich sollte sie trainieren.

Es war schwierig, etwas Neues zu wagen und zu wissen, dass jemand, nah bei mir in der Eishalle, nicht glücklich darüber war. Genau genommen, war das der Beginn meiner Trainerlaufbahn und Monika Scheibe hatte vom einen auf den anderen Tag keine Trainingsgruppe mehr. Der Großteil trainierte nun in Berlin und das Paar, das weiter in Chemnitz lief, ließ sich von einem ihrer ehemaligen Schützlinge führen; generell hieß das, dass die Stadt, die seit Jahrzehnten als Wiege des ostdeutschen Eiskunstlaufs galt, einen großen Verlust erlitten hatte.

Monika Scheibe blieb und begann von vorn. Nach und nach etablierte sich hier wieder eine neue Läufergruppe im Paarlauf auch dank ihrer hervorragenden Nachwuchsarbeit.

Bis zum Ende unserer Trainingszeit blieb die Zusammenarbeit allerdings etwas angespannt. Obwohl Mandy und ich viele Trainingselemente selbst bewältigten, wir uns eigene Zwischenziele steckten und auch allein trainierten, blieb sie es, die Mandys und einen Teil meiner Trainingspläne aufstellte. Diese souveräne Haltung, die dem sportlichen Erfolg ihre eigenen Befindlichkeiten unterordnete, ringt mir noch heute großen Respekt ab. Natürlich wollte sie unseren Erfolg, denn es war schließlich auch der ihre. Lange hatte sie mit uns um unsere Form gerungen. Nachdem sie sich entschieden hatte, uns zu trainieren, hielt sie Mandy und mich mit unseren hitzigen Gemütern zusammen und brachte uns später, 1998, noch einmal zu Olympia.

Bis dahin aber sollte es ein großes Schwanken und Zanken geben. Getrübt wurde unsere Zusammenarbeit auch dadurch, dass ich mich zwischenzeitlich nach einer anderen Partnerin umsah, um uns beiden eine spannungsfreiere Zeit zu bescheren.

Doch mitten in diesen Überlegungen wurden Mandy und ich 1997 in Lausanne Weltmeister und damit hatten sich meine Pläne schlagartig erledigt.

Wenn ich mich auf dem Zeitstrahl umschaue, kann ich manchmal kaum glauben, wie kapriziös und schlagzeilenverdächtig wir beide durch diese Jahre rauschten.

Wir fuhren also häufig zu Wettkämpfen und von dort aus so schnell wie möglich zurück, denn Matthias und Nicole warteten auf mich. Es war Stress ohne Ende und dennoch fühlte ich mich wie dauerhaft elektrisiert!

Geld spielte damals keine große Rolle. Nicht, weil wir es nicht besaßen und auch nicht, weil es unwichtig gewesen wäre; stattdessen ging ich auch in jener Zeit davon aus, dass die Initiative alles andere nach sich zieht.

Für den Anfang vereinbarten wir eine kleine Pauschale. Wenn meine Sportler dann, was absehbar war, von der Bundeswehr übernommen und finanziert würden, sollte auch ich davon profitieren.

Meine Arbeit als Trainer bezahlte ich in den ersten Wochen und Monaten also mit dem, was ich selbst verdiente. Mein Bruder war verzweifelt; der Rechtsanwalt in unserer Familie wollte, dass ich meinen Sportlern das Training auch in Rechnung stellte. „Du hast gearbeitet und das sollte auch bezahlt werden", betonte er immer wieder. Ich hingegen wollte erst Leistung zeigen und beweisen, dass ich das Vertrauen in meine Fähigkeiten und das Geld auch wert war.

Matthias Bleyer und Nicole Nönnig machten also den Anfang, Eva-Maria Fitze und Rico Rex waren das 2. Paar, das ich ab 2001 unter meine Fittiche nahm; zu ihnen später mehr.

Die Deutschen Meisterschaften 1999 in Oberstdorf und die Meisterschaften in Berlin im Jahr 2000 gingen ins Land. Bis dahin stand noch niemand aus der Chemnitzer Gilde wieder auf dem Treppchen oder belegte einen nennenswerten Platz. Die Ergebnisse waren unterirdisch. Auf den nachfolgenden Pressekonferenzen höre ich mich noch heute sagen: „Das Paarlaufen, wie es im Moment in Deutschland stattfindet, ist im Vergleich zu dem, was es einmal darstellte, peinlich!"

Ein Jahr später, 2001, als die Deutschen Meisterschaften wieder in Oberstdorf stattfanden, gewannen Claudia Rauschenbach und ein gewisser Robin Szolkowy die Meisterschaften, allerdings ohne Konkurrenz.

So konnte es nicht weitergehen. Hier musste ganz schnell sehr vieles ganz anders gemacht werden! Mag sein, dass ich nicht allzu diplomatisch gewesen bin. Gut möglich, dass ich zu barsch daherkam. Da hatte ich mir wieder einmal unheimlich viele Freunde gemacht. Heute bin ich überlegter und gebe guten

Argumenten mehr Raum. Damals saß ich an manchem Abend allein und dachte verzweifelt darüber nach, dass ich denjenigen, den ich gewinnen wollte, eher verprellt als begeistert hatte. Ich verletzte den einen oder anderen, obwohl ich ihn sehr schätzte. Zudem erzählte man sich von dem, was ich sagte und vermischte es mit den Emotionen, die mein scharfer Ton möglicherweise hervorrief. Bei „stille Post" ist dann oft die letzte Aussage mit der ersten nicht mehr identisch. Nun, auf jeden Fall war nicht viel los im Paarlaufen.

Trainer mit 150 Prozent

Das lässt sich leicht sagen, wenn die Schlittschuhe am großen Nagel an der Wand hängen? Stimmt. Ich wollte nicht nur die große Klappe haben, sondern zeigen, dass auch etwas dahintersteckte. Diesem Anspruch wollte ich unbedingt genügen und meiner über alles geliebten Sportart wieder auf die Kufen helfen.
Mit Matthias Bleyer und Nicole Nönnig arbeitete ich ja schon seit einiger Zeit. Durch dieses Paar machte ich in Deutschland als Trainer auf mich aufmerksam. Ich brachte etwas Neues und Frisches in den Paarlauf, versuchte, meine Kraft zu übertragen und zeigte meinen Läufern, was die Leute sehen wollten und den Preisrichtern gefiel.
Im Prinzip ist uns viel gelungen, bis zu den Deutschen Meisterschaften 2002, bis zum Kurzprogramm. Es hatte diese Dynamik, die ich in Choreografien liebe; ich schrieb es auf die ersten Minuten zur Filmmusik der „Unendlichen Geschichte" und bestückte es mit interessanten und gut bewerteten Schwierigkeiten. Damit zeigten wir, dass in den deutschen Eislaufstadien

wieder anspruchsvolle Läufer am Start waren. Doch dann hat es Nicole und Matthias leider in der Kür quer aufs Eis gelegt. Sie hatten einen rabenschwarzen Tag und die beiden Berliner Paare, die nicht so gut waren, landeten vor Nicole und Matthias. Wären beide nicht gestürzt, wäre ich nicht nach Korea zum Schaulaufen gegangen, sondern vielleicht stattdessen mit Nicole und Matthias zu Olympia gefahren! Möglicherweise wäre aber so Aljona Savchenko nicht hier gelandet. Dann hätten wir heute aber auch keine viermaligen Weltmeister hier in Chemnitz. Vielleicht wäre ich selber weitergelaufen?

Das zweite hoffnungsvolle Paar bestand aus Eva-Maria Fitze und Rico Rex. Eva-Maria Fitze lebte in Bayern, war eine erfolgreiche Einzelläuferin – deutsche Meisterin 1997 und 1999; 1998 bei den Europameisterschaften unter den Top 15 – und wollte nach längeren Krankheitsphasen in den Paarlauf einsteigen, um noch einmal durchzustarten.

Ich kannte sie ganz gut und wusste, dass sie sehr talentiert und ehrgeizig war. Ich ahnte auch schon, wen ich ihr an die Seite stellen konnte – Rico Rex, der vor einem Jahr Chemnitz verlassen hatte und nach Berlin gegangen war, stand kurz vor seinem Aus. Ich war mir sicher, dass die beiden ein gutes Paar ergeben könnten. Die energiegeladene, dunkelhaarige Eva würde bestimmt gut aussehen mit und neben Rico.

In der Welt der Eisläufer, vielleicht vergleichbar mit der des Theaters, kennen wir uns auch über die Grenzen unserer Städte und Staaten hinaus. Da wir uns auf Wettkämpfen begegnen, die wechselseitig in den unterschiedlichsten Ländern stattfinden, wissen wir, worin die Stärken und Schwächen der anderen Läufer liegen. Man kennt sich und mitunter sprechen sich auch charakterliche Eigenheiten herum. Keiner lässt sich zum Beispiel gern auf eine Diva ein, und gilt man in Chemnitz oder Toronto

als extravagant, bekommen andere Eiskunstläufer schnell Wind davon.
Eva schaute sich unser Chemnitzer Eislaufparadies an und sagte zu. Im gleichen Atemzug holte ich Rico aus Berlin zurück. So richtig glaubte niemand daran, dass das gelingen würde. Nun, er kam. Wir alle miteinander arrangierten uns auf dem Eis. Und war ich mit Mandy zum Schaulaufen unterwegs, sprang meine ehemalige Trainerin gelegentlich für mich ein.
Für das neue Paar formulierten wir die Zielstellung „Olympiateilnahme". Wir wollten es denen zeigen, die dachten, das funktioniere nicht! Wieder stand ich allein da und weil ich von meiner Idee überzeugt war, legte ich los.
Beide Paare errangen bald darauf wunderbare Erfolge, bei der Nebelhorn-Trophy in Oberstdorf oder bei den Grand Prix-Wettkämpfen in Gelsenkirchen. Bei den Deutschen Meisterschaften standen Eva-Maria und Rico auf dem obersten Treppchen und Nicole und Matthias nahmen Silber mit nach Hause.
Ein Jahr später, 2003, qualifizierten wir uns für die Weltmeisterschaften und reisten nach Washington. Eva und Rico waren damit mein erstes Paar, das ich dorthin geführt hatte. Sie arbeiteten beide hart und fleißig. Aber in ebendieser Zeit hatte sich eine junge, talentierte, energiegeladene Ukrainerin in der Trainingsgruppe etabliert und selbige geriet aus dem Gleichgewicht.

Aber zunächst war es ein großer Erfolg, denn Washington hieß nach dem Debüt in heimatlichen Gefilden nun internationale Anerkennung, Respekt der anderen Coaches. Sie kannten Eva und Rico, unabhängig voneinander, schon seit Langem. Kein Kunststück, denn in der Szene beobachteten Trainer und Läufer einander ja sehr genau. Jeder hat gesagt: „Die beiden zusammen, die werden doch nie etwas!"

Wie habe ich daher mich über ein „Toll, was du aus den zweien gemacht hast!" gefreut.
Nun stellten sie sich bei Europa- und Weltmeisterschaften der Konkurrenz und konnten bestehen. Ich weiß heute noch, wie sich das angefühlt hat; ich war so stolz, nicht nur auf den Erfolg, sondern auch darauf, dass wir in diesem kleinen Team gut arbeiten konnten, dass wir menschlich so gut harmonierten. Gemeinsam suchten wir fieberhaft nach Wegen, immer besser zu werden. Wir probierten neue Dinge und versuchten, anders zu sein als die anderen. Und ich streckte und reckte mich, legte die Messlatte für mich selbst immer höher. Alles entwickelte sich und kam in Fahrt und ich hatte tausend Ideen. Ich schrieb den beiden eine Kür auf den Leib, mit der sie im selben Jahr zum Grand Prix in Japan liefen. Das Publikum tobte. Ich freute mich wahnsinnig und wurde zuversichtlich, zukünftig auch international als Trainer zu agieren. Ich war sehr glücklich.

Unterdessen sah ich auch Robins großes Talent immer deutlicher; die Chemnitzer Sportler liefen sich damals und laufen sich auch heute noch auf dem Halleneis immer wieder über den Weg. Er war in der Gruppe der Eisläufer schon lange zu Hause, und ich bemerkte sein Einfühlungsvermögen und seine geschmeidigen, trotzdem kräftigen Bewegungen. Er wäre zu noch viel mehr imstande, so viel war sicher. Es müsste doch mit dem Teufel zugehen, wenn mit der richtigen Partnerin an seiner Seite nicht noch wesentlich mehr zu erreichen wäre.
Wenn ein Traum so unrealistisch ist, denkt man jedoch nie wirklich an etwas ganz Großes; vor allem, weil die großen Dinge immer im Kleinen beginnen.
Ich vertraue mehr dem Ausspruch „An den Anfang hat der Herr den Schweiß gestellt!" Natürlich hoffte und träumte auch ich manchmal. Aber mir war klar, dass sich der große Durch-

bruch relativ selten einstellt, in welchem Bereich auch immer. Dann geschah etwas, das mein Leben auf dem Eis auf lange Sicht sehr verändern sollte. Ende 2001 landete eine Mail in meinem Postfach: Aljona Savchenko, eine interessante, international bekannte Eisläuferin, suche einen neuen Partner. Als ich mich im Netz informierte, fand ich jene Information bestätigt: Die zierliche Ukrainerin wollte sich tatsächlich im Paarlauf neu orientieren.

8. Kapitel
Wer mit Vertrauen spielt, verspielt den Erfolg

Aljona und Robin

Die Jahre 2002 und 2003 waren sehr erfolgreich und ich hatte das Gefühl, es könne auch gar nicht anders sein. Aljona war ein ungeschliffener Diamant. Als ich sie laufen sah, wusste ich das sofort. Ich hatte sie früher einmal gesehen, als sie noch bei den Junioren als ganz junges Mädchen lief. Kurz nachdem ich erfahren hatte, dass sie im Paarlauf nach einem anderen Partner suchte, besorgte ich mir Videos und studierte ihren Lauf. Was ich sah, war unglaublich. Sie lief und berührte mich. Natürlich sah ich auch, wie viel Arbeit noch vor uns liegen würde und was ich ihr alles beibringen müsste. Aber sie hatte etwas Fesselndes, man musste ihr zuschauen. Es spielte keine Rolle, wie sie lief, ob das manchmal wackelte, denn sie besaß dieses gewisse Etwas.

Ihr damaliger Partner hatte sie einmal sehr unaufmerksam geworfen, fast weggeworfen, und sie krachte gegen die Bande. Sie rappelte sich wieder auf, lief ihm hinterher und zog ihre Pirouette durch.

Da wusste ich, die kann kämpfen. Außerdem konnte man sehen, wie das Publikum mitging, wenn sie lief. Der Funke sprang einfach über.

Manchmal stehe ich heute an der Bande und denke an diese Zeit zurück, als Aljona und Robin das erste Mal zusammen aufs Eis gingen. Als ich beschlossen hatte, die junge Sportlerin nach Deutschland zu holen, recherchierte ich übers Internet ihre Telefonnummer und landete erst einmal bei ihrer Mutter. Nachdem ich den Irrtum aufgeklärt hatte, ich wolle mit Mitte Dreißig im Paarlauf noch einmal durchstarten – Aljona kannte mich ja nur als Läufer –, hatte ich bald ihre Zusage.

Zuerst besprach ich meine Pläne mit Matthias, später mit Robin. Ich wollte schauen, ob und zu wem die neue Partnerin, die ich zum Probelaufen eingeladen hatte, passen könnte. Alles war möglich.

Es brauchte mehrere Monate, bis sie das Visum für einen zweiwöchigen Deutschlandaufenthalt und vor allem ihre Freigabe vom Verband bekam. Schließlich landete sie am 18. Mai 2003 auf dem Flughafen in Dresden. Robin wartete dort auf sie und brachte Aljona nach Chemnitz ins „Haus des Sports", in dem sie anfangs wohnte.

Wir hatten uns entschieden, es mit Robin und Aljona als Paar zu versuchen. Ich traf an jenem 18. Mai einige Stunden später aus Mexiko ein, dort lief ich mit Mandy bei „Holiday on Ice" und stieg nach vorheriger Absprache für das Probetraining nach drei Wochen aus. Im weiteren Verlauf der Dinge war dieser Ausstieg aus der Tour der Grund dafür, dass ich künftig keine Eisshows mehr laufen und Mandy Wötzel sich einen anderen Partner suchen sollte. Hätte ich jedoch damals das Probetraining mit Aljona sausen lassen, dann würden wir nun 2014 nicht nach Sotschi fliegen.

Robin trainierte in meiner Trainingsgruppe, deshalb kannte ich ihn ziemlich gut. Für meine Begriffe besaß er große Reserven. Er war ein guter Eiskunstläufer, das zeigten einige beachtliche

Erfolge, aber er besaß keine Vorstellung von dem, was noch alles in ihm steckte.

Ich glaube, er hatte damals keine Vision. Robin besitzt ein sehr ausgeglichenes, fast gelassenes Wesen und geht es generell ruhig an. Sein Herz schlägt für noch viel mehr als allein für den Eiskunstlauf. Würde er auch hoch hinaus wollen? Sein Talent stand außer Frage. Für den Fall, dass er sich diesem Sport ganz hingab, sah ich, wie einfühlsam und innig er laufen konnte. Voll Gespür für die Bewegung und in der Lage, ganz auf einen anderen Läufer einzugehen. Außerdem verbinden sich in ihm Kraft und Zartheit. Er ist beispielsweise herausragend in seinen Hebungen. Ganz gleich, an welcher Stelle sie im Programm zu absolvieren sind – Robin meistert sie immer; er trägt Aljona sicher, während er seine Elemente läuft. Ein guter Athlet, der damals noch an Dornröschens Hof schlief. Ich wusste, einmal wachgeküsst, würde er einen enormen Sprung machen.

Dann war also das erste Probetraining angesetzt. Ich glaube, allen, die damals in der Halle dabei waren, schlug das Herz schneller. Da stand Robin, noch sehr schmächtig, mit einer riesigen Haarpracht. Und sie, zart und blond, sah ein wenig aus wie Mandy.

Sie nahmen sich bei den Händen, liefen zusammen in Position. Die beiden hatten genau das, was auch Mandy und mich als Paar ausmachte: Ausstrahlung, Energie, Statur, alles war wie ein Déjàvu. Okay, Hautfarbe und Haarpracht waren bei Robin nun tatsächlich etwas anders als bei mir damals, aber die Kombination hatte eine ähnliche Wirkung.

In der Halle erklingt immer Musik und nun begannen die beiden zusammen zu laufen. Sie natürlich mit ihrem heißblütigen, ukrainischen Stil und er mit seiner ruhigen, bedächtigen Art. Absolute Gegensätze. Ich sah sofort, dass sie etwas Faszinierendes besaßen und sagte: „Das Bild gefällt mir, das will ich vollenden."

Als Aljona und Robin die ersten gemeinsamen Schritte versuchten, fiel für mich sofort die Entscheidung. Das war besser als alles, was ich in den letzten Jahren auf dem Eis gesehen hatte. Zwischen den beiden stimmte die Energie. Es besaß etwas Magisches. Ich ahnte, dass hier ein herausragendes Paar zusammenwachsen könnte.

Foto: Wikipedia

Dass ich als Ostdeutscher ganz passabel Russisch sprach, half in den ersten intensiven Gesprächen. Nach reiflichen Überlegungen begannen Aljona, Robin und ich zusammenzuarbeiten. Aljonas Tempo war so rasant, dass sie Robin gänzlich überrollte. Sie wollte immer noch mehr von ihm im Training, schneller vorwärts kommen, mehr üben. Mit dieser Geschwindigkeit musste Robin erst einmal zurechtkommen und ich wusste, irgendwie musste ich ihn aus der Reserve locken, denn für mich war klar, dass die beiden eisläuferisch eine Zukunft haben würden und diese Partnerin seine ganz große Chance war. Aber die Situation wurde allmählich brenzlig, denn Aljona ging es nicht schnell genug voran und sie begann, nach anderen Läufern Ausschau zu halten. Sie sprach mit diesem, telefonierte mit jenem und zog Erkundigungen ein. Robin dagegen hatte sich bisher in der Gesellschaft der anderen Paare wohlgefühlt, sich in seinem Leben ganz gut eingerichtet. Vielleicht hatte er auch bereits die Hoffnung auf weitere große Erfolge verloren. Und dann kam ich und wollte aus ihm und Aljona das machen, was ich sehen konnte: eines der besten Eiskunstlaufpaare der Welt. Mein Ehrgeiz war ja auch erwacht. So gerieten wir zwei bald in einen handfesten Konflikt. Als Sportsoldat der Bundeswehr hätte er, so sah ich das jedenfalls, auch Dienst schieben können. Meine Auffassung von bezahltem Training sah anders aus. Es gab Streit, denn ich stellte straffe Pläne auf und ließ nicht mit mir darüber diskutieren. Doch es dauerte nicht lange, da riss Aljona Robin mit. Er erkannte zum einen sein großes Potential und zum anderen, dass er mit Aljona erfolgreich sein könnte und so begann er, viel intensiver und ernsthafter zu arbeiten als bisher. Er musste sich dabei deutlich mehr überwinden als Aljona, die wahrscheinlich ein Eislaufchromosomenpaar besitzt und immerzu nur laufen, laufen, laufen will.

Robin zog mit. 2014 will er in Sotschi auf dem Höhepunkt seines Leistungsvermögens sein und sich bravourös aus seiner Laufbahn als Amateursportler verabschieden. Er liefert ein hervorragendes Training ab, macht aber danach die Tür richtig zu und will bis zum nächsten Morgen nichts davon hören oder sehen. Das ist seine Art, mit der jahrelangen sportlichen Belastung und dem hochgesteckten Ziel umzugehen. Völlig in

Ordnung, wenn er damit die Zeit bis Olympia gut übersteht. Dass ich die beiden zusammengeführt habe, macht mich heute noch glücklich. So etwas gelingt nicht alle Tage – die beiden fügen sich auf dem Eis wie Puzzlestücke ineinander.

Eine schwierige Entscheidung

Ungefähr zwei Jahre lang trainierte ich drei Paare, dann wurden die Karten wieder neu gemischt. Drei Paare zusammen auf dem Eis, bei allem guten Sportsgeist entstehen da Reibereien. Für Nicole Nönnig und Eva-Maria Fitze kam mit der neuen Sportlerin eine starke Mitbewerberin in die Gruppe. Schnell wurde klar, dass die Ukrainerin außer Konkurrenz stand. Falls es stimmt, dass 10.000 Stunden Übung nötig sind, um in einem Fach Erfolg zu haben, so liefert Aljona den besten Beweis dafür. Sie kam aus Obuchiw, einer Stadt knapp 50 Kilometer südlich von Kiew. Schon als kleines Mädchen fuhr sie 5 Uhr früh mit einem Vorstadtbus in die nächstgrößere Stadt, um dort die Kunst des Eislaufens zu erlernen. Gerade volljährig war sie, als sie nach Deutschland kam, und schon eine Eiskunstläuferin, die im Visier der Talente-Scouts stand.

Meine Eisläufergruppe veränderte sich. Nicoles Kräfte ließen nach; sie lief noch ein, zwei Jahre mit, dann stieg sie aus, nachdem sie mit Matthias einen achtbaren 7. Platz bei den Europameisterschaften errungen hatte. Im Übrigen sind die beiden das einzige Paar, das Aljona und Robin in Deutschland geschlagen hat. Das war zu den Sachsenmeisterschaften 2003, als das zukünftige Spitzenpaar noch am Beginn seiner hoffnungsvollen Zusammenarbeit stand.

Bald änderte sich auch Evas Verfassung; Krankheiten, Schwankungen in der Fitness und Differenzen in der Trainingsgruppe trugen dazu bei. Ihr Elan und ihre Kraft ließen nach und in den folgenden ein, zwei Jahren gestaltete sich unsere Zusammenarbeit immer schwieriger. Bis zu Olympia jedoch hieß es noch, eisern zu trainieren.

Dieser kräftezehrende Leistungssport will alles von dir haben; er saugt dich aus und führt dich an deine Grenzen und darüber hinaus. Du musst unheimlich stark sein als Eiskunstläufer, so wahnsinnig viel aushalten, geradezu brutal zu dir sein. Der Erfolg lässt sich nur mit Blut, Schweiß und Tränen bezahlen.

Unser gutes, gemeinsames Training und vor allem unsere hoffnungsvolle Gemeinschaft ging leider Stück für Stück den Bach runter. Bald lag wieder Spannung in der Luft und wenn in einer Gruppe, in der man täglich zusammenarbeitet, immer wieder die Arbeitsatmosphäre gestört ist, kann man nur die Flinte ins Korn werfen oder etwas verändern. Ich war allmählich in die Trainerposition hineingewachsen und wollte, dass man meinen Wegzeichen folgte. Anders ging es nicht.

Monika Scheibe versprach mir, Eva und Rico in ihre Trainingsgruppe zu übernehmen, falls es zum Bruch kommen sollte. Im September 2005, kurz vor den Deutschen Meisterschaften und nur wenige Monate vor Olympia 2006, trennte ich mich als Trainer von den beiden.

Das war schmerzhaft für Rico und vor allem für Eva, die sich zurückgestoßen und persönlich getroffen fühlte. Außerdem brachte ich mich damit um mein Olympiaticket.

In ähnlichen, früheren Situationen und in den folgenden Jahren handelte ich aber immer nach dem Prinzip: Schwierige Situationen müssen geklärt werden, für Schwelbrände habe ich nichts übrig.

Es spielte keine Rolle, dass ich mich ohne Eva und Rico bei den Olympischen Winterspielen nicht als Trainer vorstellen konnte. Ich brauchte klare Verhältnisse.

In mir schwang auch die Hoffnung mit, dass meine Entscheidung Eva und damit auch Rico noch einmal aktivieren würde. Niemand wusste besser als ich um dieses „Jetzt erst recht!". Konnten auf diese Weise vielleicht noch verborgene Kraftreserven mobilisiert werden? Würde Eva, die doch eigentlich Kampfgeist besaß, nun noch einmal loslegen und alles von sich abverlangen, nur um mir zu zeigen, dass ich Unrecht hatte? Tatsächlich, sie trainierte wieder wie in ihren Chemnitzer Anfangszeiten und lief noch einmal zu alter Form auf. Im Nachhinein verstehen mich beide und ich bin sehr froh darüber.

Eva kam einige Jahre später zu mir, nahm mich in die Arme und sagte „Danke!". Es hat gedauert, aber nur durch dieses Einsehen konnten wir uns menschlich wieder näherkommen.

Sicher, so mancher schnelle Erfolg spült sehr viel Geld in die Kassen, aber mir bedeutet etwas anderes mehr. Eva, Rico und ich hatten eine große Wegstrecke gemeinsam zurückgelegt, bis wir spürten, hier stimmt etwas nicht. Die Energien flossen einfach nicht mehr und die Diskrepanzen waren zu groß geworden. Eine Fahrkarte zu den Olympischen Spielen konnten sie deshalb nur ohne mich erringen.

Ein halbes Jahr später fuhren die beiden dann nach Turin, um bei den Winterspielen 2006 für Deutschland im Eiskunstlauf der Paare zu starten. Sie belegten Platz 15 und kamen aus meiner Sicht in relativ kurzer Zeit sehr weit nach vorn, zeigten eine wirklich gute Leistung. Danach verabschiedeten sie sich vom Eiskunstlauf und konnten zufrieden aussteigen.

Und noch ein Paar reist zu Olympia

Aljona und Robin hatten in den letzten Jahren einen fast kometenhaften Aufstieg hingelegt. Wie mit einem Paukenschlag gewannen sie bei ihrem ersten großen Auftritt die Deutschen Meisterschaften 2004, wie die beiden darauffolgenden Jahre auch. Als sie in Berlin im Erika-Heß-Stadion gewannen, tobten und trampelten die Massen vor Begeisterung – genauso, wie ich es vor Jahren an gleicher Stelle mit Mandy erleben durfte. Mit ihrem rasanten Aufstieg bestätigten sie unsere gemeinsame Arbeit. 2005 holten sie ihren ersten Grand-Prix-Sieg beim Skate Canada. Es war fantastisch, wie schnell wir drei vorankamen. Beide sollten sechs Jahre in Folge beim Grand-Prix-Finale mitlaufen, dem elitären Leistungsvergleich der besten Eiskunstläufer der Welt. Damit wussten wir irgendwann genau, dass wir richtigliegen.

Dann rückte 2006 heran. Wir feierten unseren bis dahin größten Erfolg in Lyon, wo Aljona und Robin an den Europameisterschaften teilnahmen. Sie hatten die damaligen Weltmeister auf Platz 3 verwiesen, gewannen Silber und zeigten international, dass sie einige Monate später bei den Olympischen Spielen dabei sein würden.

In meinem fünften Lebensjahrzehnt angekommen, ist mir gegenwärtig, wie schnell sich die Dinge verändern. Was aussichtslos erscheint, wird plötzlich mit neuer Hoffnung erfüllt; nichts bleibt, wie es ist, immer ist es ein Steigen und Fallen.

Aljona besaß zu diesem Zeitpunkt allerdings noch keinen deutschen Pass. Das brachte eine Menge Lauferei und unvermeidlichen Papierkram mit sich. Es war kaum zu erwarten, dass die deutschen Behörden eine Ausnahme machen würden, doch dank der Fürsprache der Deutschen Eislaufunion gingen dann alle Formalitäten zügig über die Bühne. Aljona erhielt ihre Pa-

piere am 13. Januar 2006; gemeinsam mit ihr war Robin die pure Vorfreude auf Olympia.
Aber Freude und Leid liegen nah beieinander. Genau einen Tag, nachdem Aljona und Robin in Lyon Vize-Europameister wurden, kam meine Arbeit für die Staatssicherheit in den medialen Fokus. Die Süddeutsche Zeitung rief mich an und wollte ein Statement von mir. „Sie waren doch Mitarbeiter bei der Stasi? Uns liegt eine Verpflichtungserklärung von Ihnen vor – morgen wird alles in der Zeitung stehen!"
Aus jeder Richtung stürmte es am nächsten Morgen auf mich ein, ich befand mich quasi im freien Fall. Keine große Zeitung, die mich kurz darauf nicht zur Schlagzeile machte. In diesen Tagen rückte alles Sportliche in den Hintergrund.
Der Druck, der sich für meine Sportler aufbaute, war ungeheuerlich. Aljona drohte man an, ihren Pass wieder einzuziehen. Beide bewältigten die psychische Belastung nur deshalb einigermaßen, weil sie sich abschotteten, völlig auf ihre Aufgabe konzentrierten und alles ausblendeten, was nicht mit den Olympischen Spielen in Zusammenhang stand.
Auch wenn man ihrem Lauf ansah, dass sie angespannt und nicht ganz bei der Sache waren – ein 6. Platz sollte es letztendlich bei den Winterspielen 2006 in Turin trotzdem werden.

Hinter meinem Rücken war etwas ins Rollen gekommen, meine Vergangenheit holte mich mit voller Wucht ein. Sofort verfügte man, dass ich den Spielen fernbleiben sollte; ich musste mir die Teilnahme vor Gericht erkämpfen, um meinen Sportlern während der Olympischen Winterspiele hinter der Bande beizustehen.
Aljona und Robin, die hart und unter vielen Entbehrungen über Jahre für die Winterspiele trainiert hatten, waren wie vor den Kopf geschlagen.

Der Mann, der ihnen auf dem Eis jeden Tag gegenüberstand, kannten sie ihn denn überhaupt? Es war für sie eine bittere Zeit, denn ihr Blick auf mich hat sich gewandelt, ich bin ihnen fragwürdiger geworden. Bis dahin hatten wir natürlich schon andere schwierige Zeiten zu meistern gehabt, aber in unserer Zusammenarbeit ging es immer vorwärts, sie wurde durch nichts Wesentliches getrübt. Wir hatten uns als Team aufgestellt und ich war derjenige, der sie führte. Aljona und Robin blieben dabei und standen diese Wochen mit mir durch. Sie bekannten sich dazu, nicht ohne mich in Turin laufen zu wollen, beantworteten in vielen Interviews die Frage nach ihrem Trainer mit großer Loyalität.

Doch mein Fehler wirft auch immer einen Schatten auf sie und so war alles Unbeschwerte für sie vorbei. Den Kummer darüber kann ich ihnen nicht nehmen. Aber unser großes gemeinsames Ziel hieß „Olympia" und auch aus diesem Grund liefen wir weiter gemeinsam unseren Weg.

Immer wieder frage ich mich, ob die Entscheidungsträger der Bundeswehr wirklich nicht wussten, dass ich IM gewesen bin. Wie auch immer, ein dunkles Kapitel meiner Vergangenheit bahnte sich brachial seinen Weg in meine Gegenwart und zwang mich, mir selbst viele Fragen und mich meiner Geschichte zu stellen.

9. Kapitel
Erfolg kann man sich nicht kaufen, man muss ihn sich erarbeiten

Sand im Getriebe - Zusammenarbeit mit der DEU

Man kann sich vorstellen, dass zwischen der Deutschen Eislaufunion und mir anfangs ein kalter Wind wehte. Meine Geschichte hinterließ auch dort ihre Spuren. Nach vielen Auseinandersetzungen und Gesprächen blieb ich Paarlauftrainer in Chemnitz. Alle technischen Absprachen trafen wir professionell. Wenn es zum Beispiel um Trainingsabläufe oder Wettkampfbedingungen geht, finden die Funktionäre der DEU und ich immer einen gemeinsamen Nenner.
Jegliche finanzielle Unterstützung durch die DEU aber entfiel. Das Bundesministerium des Inneren hatte verfügt, dass keine Gelder aus dem Fonds der Eislaufunion an mich gezahlt werden dürfen.
Ich stand im Bann meiner eigenen Geschichte, die wieder und wieder heftig diskutiert wurde. Journalisten schrieben über mich und meine Zeit bei der Stasi als inoffizieller Mitarbeiter, mein Schweigen, meine Berichte. Mit diesem Makel muss ich klarkommen, mein Leben lang.
Ich habe alles dazu gesagt, was ich sagen konnte, doch mein Bedauern macht nichts rückgängig. Alles, was ich tun kann, ist,

mich weiter dem Eiskunstlauf hinzugeben. Ich wünsche mit jeder Faser meines Herzens, dass Deutschland wieder zur Eiskunstlaufnation erblüht, und ich möchte auf diesem Weg dabei sein. Seit 2006 finanziere ich mich nun ausschließlich selbst. Dabei lässt es mir keine Ruhe, dass meine Erfolge mit Aljona und Robin auch als Erfolge der Deutschen Eislaufunion angesehen werden. Die zwei räumten national und international Medaillen ab. Sie sind mein erstes Paar, das in der Welt Medaillen holte. Mit diesem Gold, Silber und Bronze fahren sie beträchtliche Preisgelder ein, von denen jeweils 10 Prozent an die Deutsche Eislaufunion gehen.

Dabei hatte das Bundesministerium des Inneren eine eindeutige Entscheidung getroffen: Es verbietet der Deutschen Eislaufunion, uns finanziell zu unterstützen, unter Androhung des Finanzierungsstopps. Da geht es um Fördergelder, die die DEU braucht, um zu existieren und alle anderen Sparten zu finanzieren. Die Rede ist hier von 500.000 bis 700.000 Euro.

Der Pferdefuß: Gelder vom Staat in so hohem Umfang fährt die DEU nur ein, weil ihre Eiskunstläufer so erfolgreich sind. Also, allen anderen weit voraus, Aljona und Robin. Gleichzeitig entfallen fast alle Kosten, da ich als ihr Trainer keinerlei Bezahlung erhalte. Meine Vergangenheit spricht laut Innenministerium gegen meine Finanzierung und ist mit den Grundsätzen der Verfassung nicht zu vereinbaren.

Die nationalen und internationalen Titel, die mein Paar erkämpft, sind aber durchaus gern gesehen. Das heißt, unsere Erfolge erfahren große Anerkennung und sind Anlass genug, dem deutschen Eislaufverband Fördergelder zukommen zu lassen, die der Eiskunstlauf auch bitter nötig hat.

Aber auch unsere Aufwendungen zur Erbringung solcher Leistungen sind enorm: Flüge zu den Meisterschaften im In- und Ausland, Hotelkosten, Trainingszeiten in der Eishalle, Kosten für die Kostüme, Werbung ... Das alles bezahlen meine Sportler und ich gemeinsam.

Doch die Medaillen glänzen auch für Deutschland. Dem Präsidenten der DEU sowie anderen Verantwortlichen der Union sind an dieser Stelle die Hände gebunden. Ich will nicht falsch verstanden werden: Die Entscheidung des Bundesinnenministeriums habe ich mir selbst zuzuschreiben. Ich möchte sie nur ins Verhältnis zu meiner Arbeit gesetzt sehen.

In einem Vergleich, dem wir vor dem Landesgericht in München zustimmten, wurde auch Folgendes vereinbart: Tauchen liquide Sponsoren auf, reicht die DEU Beträge an uns durch. Aber von diesem Kuchen wollen natürlich alle Eissportarten profitieren.

Viele Fans nehmen Anteil an diesen Dingen, schreiben Briefe und verwenden sich für uns. Auch bei Angela Merkel lagen Briefe auf dem Tisch. Viele wissen vielleicht nicht, dass unsere „First Lady" in jungen Jahren auch auf dem Eis war! Ein Dreizeiler von ihr für Aljona und Robin mit einem Glückwunsch zu wenigstens einem der vier Weltmeistertitel, das hätte die Welt nicht ins Wanken gebracht. Es wäre den Sportlern gegenüber eine große Geste gewesen.

Da muss doch was zu machen sein

Im Hintergrund haben wir heute starke Partner. Mit einigen entwickelten sich langjährige Arbeitsbeziehungen und Freundschaften. In guter Erinnerung bleibt mir der leider bereits verstorbene Heinz Bey, ein echter Gentleman, Eishallenbetreiber in Aachern und des Eisstadions „Polarium" in Bad Liebenzell. Kurz nach der Wende lud er ostdeutsche Eisläufer zu sich ein.

Als ich ihm zum ersten Mal begegnete, lief ich noch mit Ines Müller zusammen. Jedes Jahr bot er uns ein Arbeitstraining in seiner Halle an; er begleitete, schwer begeistert, Mandy und mich durch unsere nicht unkomplizierte gemeinsame Zeit.
Oder Karl Heinz Urban, ein Mann, der Blitzschutzanlagen herstellt. Er finanzierte Mandy und mir einige Flüge zu Trainingsaufenthalten in die USA. Von ihm stammt die Schleifmaschine, die noch heute in der Chemnitzer Eishalle steht und mit der ich immer noch die Schlittschuhe meiner Sportler bearbeite. Da unser Verein „SC Karl-Marx-Stadt" zu DDR-Zeiten vom früheren Federnwerk eine Schleifmaschine geschenkt bekommen hatte, konnte ich beim Schleifen zuschauen und es mir selbst aneignen. Wer einmal auf einer ostdeutschen Schleifmaschine gelernt hat, Kufen zu schleifen, für den ist das auf jeder moderneren Maschine ein Kinderspiel. Wie beim Autofahren – kannst du einen Trabi fahren, ist Mercedes steuern ein Leichtes! Umgekehrt wird das schon schwieriger.

Pixeleis gegen Geldsorgen

Seit Jahren heißt unser stärkster Partner „Pixeleis". Jörg Darkow besaß damals eine Werbeagentur und wollte uns finanziell ein wenig auf die Sprünge helfen. Da musste doch was zu machen sein! Nur – wie?
Von ihm stammt die Idee, ähnlich der englischen Werbepraxis, die Pixel einer Internetgrafik an Sponsoren zu verkaufen, die ihrerseits sich oder ihre Produkte vorstellen können.
Ein virtuelles Eisstadion mit Banden, angelehnt an unseren Internetauftritt, sollte es sein. Die beweglichen Pixel zieren

die Banden der Halle und öffnen Bilder, Werbetexte und kleine Videoclips. Jetzt brauchte das Kind nur noch einen Namen. Mit meinem Sohn unterwegs zu einem Handballmatch, spielten wir auf der Suche nach dem passenden Namen mit den verschiedensten Begriffen. Plötzlich purzelte von der Rückbank das Wort „Pixeleis" ins Auto. Dabei blieb es.

PIXELEIS

GEMEINSAM ERFOLGREICH

Zwischen Weihnachten 2007 und Neujahr 2008 war das Konzept fertig und Anfang Januar hatten wir unseren Internetauftritt. Noch vor der ersten gemeinsamen Weltmeisterschaft mit Aljona und Robin fanden sich Menschen, die uns unterstützten und wollten, dass unsere Leistung honoriert wurde. Mit unserem Unternehmen luden wir eine Menge interessierter Leute, aber auch kleine und größere Firmen ein, in unser Boot zu steigen. Viele sollten in den folgenden Jahren hinter uns stehen.

Mit Pixeleis schreiben wir eine echte Erfolgsgeschichte, natürlich nicht ohne enorme Energie zu investieren. Netzwerke lechzen nach Zuneigung, um überleben zu können. Mancher Partner verließ uns, andere kamen dazu und brachten völlig neue Einflüsse wie beispielsweise Kai Schmidt, der als Networker bei uns aktiv ist.

Pixeleis dient nicht nur unserem Überleben. Wenn Aljona und Robin 2014 in den Profisport wechseln, soll die Eisfläche hier in Chemnitz auf lange Sicht nicht verwaisen. Sie ist jetzt schon die Heimat hoffnungsvoller Nachwuchssportler und wartet auf neue Talente.

Situationen, die wir zur Genüge kennen, in denen Geld gebraucht wird und keins zu haben ist, könnten über Pixeleis gut abgefangen werden. Mit Öffentlichkeitsarbeit allein lässt sich nicht wirklich viel erreichen. Erschwerend kommt hinzu, dass viele meiner Geschlechtsgenossen Eislaufen tatsächlich noch als „Kringel auf dem Eis ziehen" ansehen, auch wenn ihre Freundinnen und Frauen da ganz anderer Meinung sind. Oder vielleicht gerade deshalb?

Ich bin jedenfalls der festen Überzeugung, dass Pixeleis Sportler unserer Branche auffangen könnte und ihnen in schwierigen Lebenslagen Halt geben kann. Wir haben vor allem hier in der Region starke Partner gefunden.

Der Energiekonzern „eins" tritt als unser Hauptsponsor auf und wir möchten natürlich, dass das so bleibt. Wir haben viele Sponsoren, große und kleine. Auch die kleineren Beträge zählen für uns.

Alle sind sie unsere Fans, uns und unserem Weg verbunden. Nur über die Begeisterung für unseren Sport, die bei Frauen sowieso und Gott sei Dank zunehmend auch bei Männern um sich greift, gewinnen wir Geldgeber. Es lässt sich nicht verleugnen, unsere Anhänger entstammen überwiegend dem weiblichen Lager. Aber Frauen sind so wunderbar begeisterungsfähig. Diese mitreißende Art bringt uns zunehmend männliche Zuschauer, die neben Fußball und Leichtathletik ihr Herz nicht selten nun für eine weitere Sportart erwärmen. Ich habe oft erlebt, wie Männer, die das erste Mal in der Eishalle standen, völlig überrascht und schließlich auch begeistert von der Geschwindigkeit und der Athletik waren, die mit dem Eiskunstlauf verbunden sind.

10. Kapitel
Kunst ist, alles Irritierende auszublenden, um sich ganz auf das Ziel zu konzentrieren

Feuer und Eis – sei leidenschaftlich

Beim Eislaufen kochen die Emotionen oft hoch, denn jeden Tag verbringen Sportler und Trainer viele Stunden auf engstem Raum miteinander und arbeiten oft bis an den Rand der Erschöpfung. Wie in einem verdichteten Zylinder genügt ein Funke, dann explodiert die Mixtur.

In der Regel streiten eher Aljona und ich über unsere gemeinsame Arbeit, Robin hört zu und sorgt, meist besonnen, dafür, dass wir uns alle wieder fangen. Dreimal in den letzten Jahren unterbrach ich allerdings das Training von einem Augenblick auf den anderen und rauschte zu meinem Bruder, um mir etwas Abstand zu geben.

Schon während der Fahrt verrauchte mein Zorn und nach zwei Stunden stellte sich wieder klare Sicht auf die Dinge ein. Ein paar Telefonate und eine halbe Woche später kam ich zurück und wir begannen unter einem klaren Himmel von vorn.

Robin sagte in einem Interview einmal, ich würde wie ein Panzer über manche Dinge hinwegfahren und hätte eine harte Gangart. Aber er meinte auch, dass Aljona und er auch aufgrund dessen eine große Wettkampfhärte entwickelt hätten.

Selbstverständlich höre ich zu und gehe auf Robin und Aljona ein, respektiere sie als ebenbürtige Partner. Doch ich bin und bleibe ihr Trainer, zumindest bis Februar 2014.

Um bis dahin am Ball zu bleiben, muss ich ebenfalls auf mich selbst achten und darf meine psychische und physische Gesundheit nicht aufs Spiel setzen. Um über Jahre erfolgreiche Sportler weiter aufzubauen, bedarf es einer gewissenhaften Planung. Fast penibel strukturiere ich unsere Tage und Wochen und darf eine Fülle von Details nicht übersehen. Hinzu kommt, dass mitunter Anfragen von anderen Sportlern bei mir eingehen.

Bei den Olympischen Spielen 2006 in Turin nahm das kanadische Paar Rachel Kirkland und Eric Radford Kontakt mit mir auf. Dessen Trainer, der mit Mitte vierzig schwer erkrankte, sagte ihnen auf dem Sterbebett, sie sollten mich bitten, sie weiter zu trainieren. Das machten sie und ich übernahm sie, mein erstes ausländisches Paar.

Das war sehr, sehr schwer, denn sie waren ihrem ehemaligen Trainer emotional eng verbunden. Er hatte sie als Kinder übernommen und all die Jahre betreut, hat sie durch ihre Jugend begleitet und alles mit ihnen durchgestanden. Meine Aufgabe lag eigentlich darin, sie zunächst wieder zurück aufs Eis zu bringen. Dann musste ich in die Fußstapfen des Trainers treten, hatte aber meine ganz eigenen Vorstellungen. Ich konnte letztlich meine Linie durchziehen und ich glaube, wir drei haben es ganz gut gemacht.

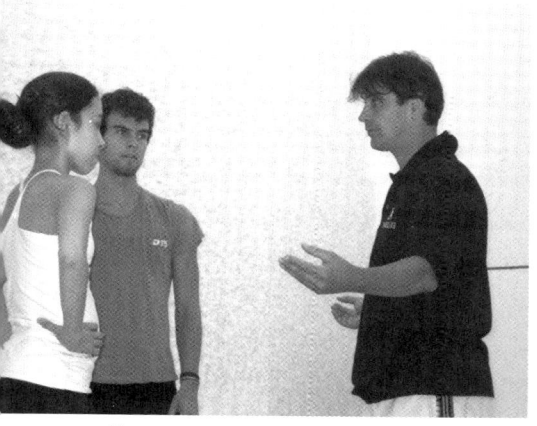

Training mit Rachel Kirkland und Eric Radford

Ein Jahr vor Vancouver, 2009, endete unsere Zusammenarbeit und sie gingen nach Kanada zurück.

Seit 2008 und damit zwei Jahre vor den Olympischen Spielen in Vancouver trainierte ich vier Paare, das war eine tolle Zeit: Die Ukrainer Tatjana Wolososchar und Stanislaw Morosow, Aljona und Robin, die Kanadier Rachel Kirkland und Eric Radford sowie das junge Schweizer Paar Anais Morand und Antoine Dorsaz. Letztere nahm ich 2008 in meine Trainingsgruppe auf. Sie liefen im Juniorbereich, spielten also in einer ganz anderen Liga, besaßen aber das, was ich liebe: Biss und absolute Hingabe an den Sport. Und natürlich lebe ich von meiner Arbeit als Trainer und konnte ihnen vieles, was den Paarlauf überhaupt ausmacht, beibringen. Gemeinsam peilten wir eine Olympiateilnahme an und 2010 belegten sie unter den 20 besten Paaren der Welt einen sensationellen 15. Platz.

Damit brachte ich alle drei Paare meiner Trainingsgruppe 2010 zu den Olympischen Spielen und alle landeten unter den ersten fünfzehn! Als Trainer holte ich mir meine Anerkennung ja nicht erst mit Aljona Savchenko und Robin Szolkowy; wohl aber mit ihnen international die ersten Medaillen. Mit meinen beiden ersten Paaren machte ich meinen Namen auch zum Trainernamen. Und parallel zu meinen Favoriten liefen die Kanadier und Schweizer mit unter meinem Training. Dass mein Herz ganz klar für Aljona und Robin schlägt, tut dem keinen Abbruch, dass ich mich freue, nun schon mit einigen Paaren eisläuferisch meine Spuren hinterlassen zu haben.

Gefühle

Stark angespannte Menschen reagieren oft gefühlsbetont. In der Halle treten Läufer gegen die Bande oder hacken mit ihren Schlittschuhen ins Eis. Gelegentlich schreien sie, dass einem der Schreck in die Glieder fährt.

Es gibt natürlich durchaus Menschen, die sich ständig unter Kontrolle halten können und sich große Pegelausschläge verbieten, doch ich verstehe emotional veranlagte Sportler ganz gut und komme mit ihren Hochs und Tiefs zurecht.

Klar, auch ich verwünsche den Moment, in dem jemand Feuer spuckt, denn dadurch können wertvolle Trainingsstunden verloren gehen. Zeigt einer, wie wütend oder verzweifelt er ist, macht das mitunter denen Angst, die es aushalten müssen.

Eiskunstlauf jedoch ist pure Emotion und ohne gelegentliche Gefühlsausbrüche nicht denkbar. Bei uns gehört der Eiskunstlauf praktisch zum Zellstoffwechsel und hin und wieder geht es sehr emotional zu, denn das Training ist hart und erschöpfend.

Eine Kür gelingt nur dann ausdrucksstark, wenn das Paar sich der Musik und den Elementen völlig hingibt. Es darf nur das Eis und sie geben, nichts weiter. Zuvor im Training muss alles so lange wiederholt werden, bis die Sportler das Programm im Schlaf laufen können, die Sprünge absolut intus haben und alles, wirklich komplett alles passt. Da brennt schon mal die Luft. Feuer und Eis, treffender lässt es sich nicht beschreiben.

Vor einiger Zeit waren meine Eltern kurz in der Eishalle, um mir etwas zu bringen. Sie blieben eine Viertelstunde, um beim Training zuzuschauen, und riefen mich am nächsten Morgen an: „Oh Gott, ist alles in Ordnung bei euch?"

Für Außenstehende sieht es wohl manchmal merkwürdig aus, oft denken sie: „Geht das gut mit den dreien?" – Wir aber hatten keine Probleme!

Meine Aufgabe als Coach ist es, in schwierigen Augenblicken das Training zu retten. Dabei kann ich gut aus meinen eigenen Erfahrungen schöpfen, nur war ich damals derjenige, der das Training manchmal schmiss. Ich erinnere mich daran, schrecklich aufgebracht gewesen zu sein, wenn Monika Scheibe mich zur Ordnung rief und sich mir der Grund dafür partout nicht erschließen wollte! Ich warf mich gegen die Bande und machte ordentlich Krach – und ein paar Minuten später tat es mir leid.

Kommen Aljona, Robin und ich beispielsweise an einen Punkt, an dem ein Streit entsteht, der zu nichts führt, dann beginne ich eben eine andere Trainingseinheit.

Manchmal sage ich auch in solchen Momenten: „Wir machen jetzt Pause", dann motiviert allein das und die beiden meinen, sie würden das jetzt durchziehen und fertig proben.

Manchmal habe ich auch schlichtweg keine Kraft für unnötige Auseinandersetzungen und will sie das Element oder den Lauf allein proben lassen. Dann erkennen sie meine Grenzen und nehmen wieder professionell ihre Arbeit auf.

Es ist ein ständiger Spagat, zwischen den Läufern zu vermitteln und gleichzeitig meine eigenen Vorgaben durchzuboxen. Manchmal habe ich das Gefühl, ich werde bestraft für meine früheren Querelen im Training. Allerdings – als einmal Jutta Müller bei unserem Training zuschaute und es nicht so lief, wie ich wollte, sagte sie etwas, das mich durchaus stolz machte und in meiner Arbeit bestärkte: „Also weißt du, ich könnte das jetzt nicht so wie du! Das ist schon nicht einfach!"

Was trennt, das eint – was eint, das trennt

Aljona und Robin könnten unterschiedlicher nicht sein, vielleicht begründet gerade das ihr perfektes Zusammenspiel. Aljona strebt danach, noch das Perfekte zu perfektionieren, probiert immer und immer wieder die gleiche Schrittfolge, erkämpft sich noch nach einem langen Tag neue Nuancen. Sie ist praktisch infiziert und besessen vom Eiskunstlauf, kennt eigentlich nichts anderes, denkt permanent über Choreografien nach oder arbeitet an Entwürfen für die Kostüme zur nächsten Show. Manchmal ist sie sehr fordernd, und obwohl ich gerade diese Haltung von mir selbst so gut kenne, macht sie mir mitunter auch ganz schön zu schaffen.

Robin arbeitet im Training diszipliniert an seinem Programm und erhält sich so seine Fähigkeiten als ein hervorragender Paarläufer. Aber er sieht das Eislaufen als seinen Beruf an und liebt zum Beispiel auch den Motorsport. Es ist ein wahres Schauspiel, wie hingebungsvoll er seine Maschine pflegt, selbstvergessen und seinem Hobby vollkommen zugewandt.

Als wir damals bei Olympia Bronze gewannen, da gab es für uns drei keine andere Entscheidung, als noch einmal vier Jahre dranzuhängen. Danach werden das Leben und die Zeit zeigen, wohin uns unsere Wege führen werden. Möglicherweise in ein Leben ohne die tägliche Begegnung mit dem Eis? Vielleicht entdecken wir drei, die wir so lange eng zusammenarbeiten, ganz neue Interessen?

Ich habe zumindest dafür gesorgt, dass Aljona und Robin für die nächsten drei Jahre Engagements in Eisshows haben, damit sie sich einen finanziellen Grundstein für die anderen Dinge legen können, die da kommen werden.

Mir als Trainer wird wohl immer genug zu tun bleiben, denn immer öfter bekomme ich Anfragen nationaler und internationaler Sportler. Mit den Jahren sprechen wohl, wie überall, die Erfahrungen und Erfolge für sich.

Für viele Eiskunstläufer heißt es, nach dem Sport einen völlig neuen Plan aufzustellen. Entweder verlangen finanzielle Probleme eine berufliche Neuorientierung, denn nicht jeder kann nach seinem Karriereende Shows laufen, weil auch dieser Markt heiß umkämpft ist und außerdem voraussetzt, dass weiter kontinuierlich trainiert wird. Oder die dauernde körperliche Belastung fordert ihren Tribut. Schließlich verlangt alles, was auf dem Eis so federleicht daherkommt, dem Körper das Äußerste ab.

Foto: Dirk Kohl

Manchmal holt mich da die Erinnerung an meine Verletzungen ein. Auch wenn ein Eiskunstläufer mit beiden Beinen immer sicher auf dem Eis steht, können Träume schnell durch Verletzungen zunichte gemacht werden. All die Würfe, Sprünge, Pirouetten, all die Hebungen – das kann auch leicht mal schiefgehen. Heute hat sich für mich als Trainer das Risiko, mich zu verletzen, um ein Vielfaches verringert; eine Verletzung würde mich finanziell nicht mehr bedrohen.

Was aber bleibt, sind sensible Stellen, die besonderer Aufmerksamkeit bedürfen. Ach, was der geschundene Körper eines Eiskunstläufers auszuhalten vermag! Und wie er, einem Wunder gleich, in der Lage ist, Brüche ausheilen und gerissene Sehnen wieder zusammenwachsen zu lassen. Strapazierte Gelenke können nach einiger Zeit, versöhnt mit ein wenig Trainingspause und aufgepeppt durch sowohl liebevolle als auch anstrengende Physiotherapie, Arme und Beine wieder zum Schwingen bringen. Was für ein Geschenk! Muskelstränge und Knochen vergessen nach gewissenhafter Pflege ihren Schmerz und schließen wieder Freundschaft mit dir. Was ist der menschliche Körper doch für ein Wunder!
Für viele Sportler heißt es trotzdem nach einer gewissen Zeit, sich vom Eis zu verabschieden.

Robin könnte ein Abschied vom Eis leichter gelingen, weil viele andere Dinge in seinem Leben wichtig sind und ihn bereichern. Der Tunnelblick fehlt ihm, glücklicher- und manchmal unglücklicherweise.
Aber auch er will erfolgreich sein, quält sich und verlangt seinem Körper alles ab; Robin kann dabei so herrlich gelassen bleiben und befriedet nebenbei noch so manchen Kriegsschauplatz. Immer hat er ein freundliches Wort für die kleinen Eisläufer in der Halle und nimmt sich Zeit, wenn man ihn um Rat bittet oder für ein Späßchen am Rande.
Währenddessen probt Aljona schon das nächste Element und zieht ihn dann wieder ins Training. Die beiden befruchten einander gegenseitig und sind letztendlich immer ein Team, das meine Entwürfe und unsere gemeinsame Arbeit harmonisch aufs Eis bringt.
Manchmal sehe ich heute Mandy und mich in unseren aktiven Zeiten vor mir. Zwei Heißsporne, ehrgeizig bis in die letzte Zel-

le unserer Körper. Kämpferisch, mit- und gegeneinander und letztlich doch stets für unser gemeinsames Ziel.

Bei Aljona und Robin ist das anders. Das Streitgespräch findet, wie gesagt eher zwischen Aljona und mir statt. So bleiben die beiden auf dem Eis meist in gutem Einvernehmen. Sie sind damit das professionellste und erfolgreichste Paar, das ich bislang trainierte. Auch international – in London, New York und Paris – sind Sportler, Trainer, Kampfrichter und Beobachter der Meinung, die beiden seien ein Ausnahmepaar.

Aljona, Robin – und ich dazu

Wir drei sind sehr unterschiedlich und harmonieren vielleicht gerade deshalb gut miteinander. Ich gebe die Richtung vor, Aljona katalysiert mit ihrem Feuer und Übereifer oft den Fortgang unserer Arbeit und Robin hält uns im Gleichgewicht.

Robin kann Aljonas Temperament glücklicherweise gut verkraften und lässt sich davon mitreißen. Diese Mischung bewirkt, dass wir uns von unserem Ziel nicht abbringen lassen. Klar kommt dabei jeder von uns mal an seine Grenzen und will einen Tag oder eine Nacht lang das Handtuch werfen.

Ein wenig Abstand, kräftiges Durchatmen, dann geht es wieder. Robin zum Beispiel zählt schon die Tage, bis er nach Olympia wieder neue Pläne schmieden kann.

Auch Aljona sorgt für die Zeit nach Olympia; seit ungefähr zwei Jahren studiert sie nebenbei Sport, um sich weitere berufliche Möglichkeiten zu erschließen. Nach Olympia will sie das Studium in Kiew beenden. Manchmal verlangt sie zu viel von sich, trotzt ihrem Körper noch eine Stunde und noch eine Stunde auf dem Eis ab.

Wenn Aljona mit einer Musik nicht warm wurde oder mit der Reihenfolge, in der wir die Elemente eines Programms angeordnet hatten, nicht zufrieden war, haben wir immer wieder alles über den Haufen geworfen und neu entwickelt. Immer hat sich das bezahlt gemacht, dass wir ihren Intentionen nachgingen, auf ihr Gespür ist immer Verlass.
Ich behalte währenddessen auch unseren Zeitplan im Auge und ordne unserem Olympiaauftritt 2014 all die kleinen Schritte auf dem Weg dorthin unter. Meine Meinung zählt, das sagen beide. Gelegentlich meinen sie auch, ich sei ein harter Hund, und damit haben sie sicher nicht ganz Unrecht.

Zufall oder Bestimmung

Choreografien schreiben wollte ich immer. „Ich leiste eine höchst kreative, befriedigende Arbeit", dachte ich, „und ansonsten bin ich aus allem raus!"
Aber nein, es kam alles anders. Schon als ich mit Mandy lief, schrieb ich die „Chore", und nun als Trainer kann ich die Finger erst recht nicht davon lassen. Programme zu schreiben, Abläufe zu choreografieren, das liegt mir einfach und dafür kann ich nur Danke sagen.
Als Trainer lerne ich auch heute noch ständig dazu. Jeder Mensch bringt andere Voraussetzungen mit in die Eishalle, sowohl körperlich als auch psychisch.
Die Geschichten und Lebensläufe der Eiskunstläufer ähneln sich natürlich, aber trotzdem wurde jeder auf andere Art und Weise sozialisiert. So muss ich ständig noch ein Stück tiefer in verschiedene Lebensgeschichten eintauchen. Verstehen, überlegen und neu entscheiden.

Grundkenntnisse von der menschlichen körperlichen Konstitution bilden die Voraussetzung dafür, dass Sportler gesund trainieren und dass das Risiko, sich beim Laufen zu verletzen, so gering wie möglich bleibt. Das steht für mich an erster Stelle – keine unnötigen Verletzungen durch unbedachtes Trainieren. Es wäre also schlimm, wenn ich nicht eine ganze Menge über Knochen, Sehnen, Muskeln und Gelenke wüsste. Schmerzt ein Muskel oder ein Gelenk, dann wechsle ich in eine andere Trainingseinheit über und knüpfe später dort wieder an, wo wir unterbrochen haben, sonst gehen die Knochen kaputt oder werden dauerhaft geschädigt. Immer hinterfrage ich: „Dient das jetzt unserem Etappenziel? Wie muss der nächste Schritt aussehen?" Wenn ich den vollen Einsatz meiner Schützlinge habe, dann kann ich sie vorwärts bringen, mitunter an die Spitze, und wenn ich so großes Talent und Potenzial sehe wie bei Aljona und Robin, dann will ich ihnen zeigen, dass sie über ihre Grenzen hinauswachsen können.

Manchen fällt es schwer, da mitzuhalten. In diesem Fall müssen beide, Sportler und Trainer, loslassen können – auch wenn es Kummer bereitet. Besser klare Verhältnisse schaffen, als Entscheidungen zu verschleppen. Letzteres schmerzt viel mehr als ein deutliches Nein im richtigen Moment.

Diesbezüglich habe ich selbst schmerzhaft Lehrgeld gezahlt. Jutta Müller beispielsweise arbeitete mit sehr unorthodoxen Methoden und galt, nicht ganz zu Unrecht, unter den Sportlern als gnadenlos. Ihr bekanntester Schützling, Katarina Witt, lief lange Zeit an der Weltspitze mit und so sprachen ihre Methoden wohl für sich. Ihre warmherzige, mütterliche Seite lernt nicht jeder kennen. Ich sah sie jedoch eines Tages mit ihrer Enkelin zusammen und lernte die gütige Frau Müller kennen.

Diese Strenge hätte ich mir bei ihr abgeschaut, wenn ich sie nicht schon in mir gehabt hätte. Ich denke, wie wir durch die Welt gehen, unsere gesamte charakterliche Veranlagung bestimmt sich schon im Moment der Zeugung. Ehrgeiz, Mut, Neugier oder Trägheit erhalten ihre Anlage in unseren allerersten Momenten. Wenn ich damit recht hätte, würde das bedeuten, dass ebenfalls vorbestimmt ist, wie hoch unsere Fertigkeiten ausfallen. Je ehrgeiziger ich genetisch veranlagt bin, umso wahrscheinlicher ist es, dass ich bei entsprechender körperlicher Beschaffenheit erfolgreich eislaufen werde. Das Gleiche bliebe dann auch für Schriftsteller, Mechaniker oder Maler zu schlussfolgern, für Fußballer oder Tänzer.

Aber Veranlagung hin oder her – so manches, was ich im Laufe der letzten Jahre bei verschiedenen Trainern sah und interessant fand, eignete ich mir natürlich für meine Arbeit an.

Am stärksten prägte mich als Person Peter Meyer, der in meinen jungen Jahren im Einzellauf mein Trainer war und der mich zum großen Teil zu dem Sportler machte, der ich heute bin. Später habe ich bei allen Trainern geschaut, was ich in meinem eigenen Training besser machen konnte. Ich habe sowohl ihre Arbeit mit mir als auch mit anderen stark beobachtet.

Zum Beispiel Martin Skotnitzki, der im Eistanz mit seinen Läufern alles erreicht hat, was sich erreichen ließ. Ich lud ihn vor Kurzem ein, die Programme, die wir für Olympia vorbereiten, aus seiner Warte unter die Lupe zu nehmen. An seinem Urteil ist mir sehr gelegen. Er arbeitet kompromisslos und lässt sich in seinen Ansichten schwer umstimmen. In meiner Arbeit bestätigte mich das. Sicher war er auch früher ein Heißsporn. Heute ist er viel diplomatischer; kommt es aber hart auf hart, dann kämpft er bis zum letzten Blutstropfen. Das gefällt mir.

Ich lerne auch von anderen Trainerkollegen und schaue mir ab, was ich denke, in meinem Trainerdasein gut gebrauchen zu können. Zum Beispiel Tamara Moskwina, eine der erfolgreichsten Paarlauftrainerinnen, die es je gab. Ich durfte an Lehrgängen von ihr teilnehmen und lernte, wie viel akribische Kleinarbeit nötig ist, um erfolgreich zu sein. Ich glaube, sie bemerkte, dass ich unbedingt von ihr lernen wollte, dass ich es ernst meinte und ihr Wissen anwendete, um unseren Sport weiter voranzubringen – hauptsächlich technische Sachen und was mehr oder weniger wichtig ist im Training. Ihr Eislaufpartner war Alexej Michin, heute meiner Ansicht nach der beste Einzellauftrainer der Welt.

Tamara Moskwinas Mann, Igor Moskwin, trainierte sowohl seine Frau und ihren Partner als auch die Protopopovs, die erfolgreichsten Eiskunstläufer aller Zeiten! Sie schafften es, siebenmal in Folge eine Medaille bei den Weltmeisterschaften zu holen. Das erste Paar übrigens, das diese Serie nach den Protopopovs erreichte, waren Aljona und Robin!

Auch mit Igor Moskwin durfte ich arbeiten – ein großes Glück, denn es gibt nur wenige von diesen Altmeistern, die jahrzehntelang erfolgreich trainieren.

Ich habe als Trainer viel lernen müssen. Als ich beispielsweise gerade damit anfing, hatte Rico Rex seinem Trainingsplan entsprechend hart gearbeitet und sollte sich anschließend ein langes Wochenende ausruhen. Freitag, Samstag, Sonntag brauchte er Ruhe, um zum Wochenbeginn wieder fit zu sein. Was machte mein Rico aber? Er ging zum Skilaufen. Das veranlasste mich damals, ihn, der als Sportsoldat von der Bundeswehr sein Geld bekam, eine Woche zum „Dienstschieben" zu beordern, mit anschließendem Abendtraining bei mir auf dem Eis. Heute würde ich ganz anders reagieren, viel kompromissbereiter.

Ich freue mich schon auf die Zeit, wenn später Jüngere von mir lernen wollen; wenn sie ernsthaft wissen wollen, wie ich arbeite. Dann werde ich ihnen mein Wissen weitergeben so wie mir die Trainer zuvor. Das könnte eine Aufgabe sein, die mir viel Freude bereiten und mich sehr erfüllen könnte, ich bin mir sicher.

Die Eismeister

Anfang der 1980er Jahre war ich als Sportler beim Trainieren recht „kreativ". Soll heißen: Streng nach Plan arbeiten ging mit mir schlecht. Das fand kein Coach wirklich toll, um es vorsichtig auszudrücken, es machte sich aber später bezahlt, als ich selbst mit Sportlern übte und arbeitete. Fantasie bestimmt einen großen Teil meiner Arbeit; obwohl ich meiner Ordnung folge, ist nichts festgefahren.

Außer dem Trainingskonzept selbst muss noch viel mehr stimmen. Zunächst natürlich das Eis, auf dem täglich geübt wird. Hat man eine Vorstellung davon, wie die spiegelglatte Eisfläche über das Jahr beinahe durchgängig erhalten bleibt? Hier werden die Eisarbeiter und Eismeister gebraucht. In regelmäßigen Abständen fahren sie in der Halle mit der Eismaschine ihre Bahnen; dabei hobelt eine zwei Meter lange Metallkante den Abrieb vom Eis und zieht sofort einen dünnen Wasserfilm darüber. Die Wasserschicht glättet Unebenheiten in der Eisfläche aus.

Foto: Dirk Kohl

Als der Eiskunstlauf noch in den Kinderschuhen steckte, schoben die Arbeiter mit hölzernen Schiebern zunächst den „Eisstaub" von der Fläche und daraufhin das Wasser vor sich her, füllten Eislöcher und Kratzer. Das kostete Zeit! Heute erledigt das die Eismaschine in zehn Minuten, danach ist die Fläche für die Läufer wieder „angerichtet".

Die 1800 Quadratmeter Eisfläche wollen gut gepflegt sein. Das 2,4 Zentimeter dicke Eis liegt über einer Betonschicht und unter dieser ein dichtes Netz von Kühlleitungen. Der Durchmesser der Rohre beträgt ein Zoll, also 2,5 Zentimeter; durch die Leitungen fließt ständig ein Wasser-Ammoniak-Gemisch. -8° bis -6° Celsius ist es kalt, um die Betonfläche zu kühlen, auf der das Wasser bitteschön auch gefroren bleiben soll.

Im Sommer tauen die Meister das Eis ab. Es strömt durch Rinnen am Bandenrand in Abflussleitungen ab und legt die Leitungen frei, die mit Ultraschall auf dünne Stellen oder irgendwelche anderen Schäden hin untersucht werden. Zwei Monate lang nehmen sie jeden Quadratzentimeter unter die Lupe; finden sie eine schadhafte Stelle, dann muss der Estrich an jener Stelle aufgehackt, die Leitung repariert und die Stelle wieder verschlossen werden. In diesen acht Wochen Sommerpause bekommt die Betonfläche schließlich einen neuen Anstrich verpasst und im Frühherbst bevölkern wieder Profis, Amateure und Hobbyeiskunstläufer das Eis.

Zu dieser Zeit befinde ich mich mit Aljona und Robin immer in anderen Eisstadien, wie in den letzten Jahren in Coral Springs bei meinem Freund John Zimmermann. Heute arbeitet auch er als Trainer; ich sollte ihm vor einigen Jahren einmal im Training helfen und seitdem fahren wir im Sommer dorthin. Nancy, die Hallenmanagerin, regelt vor Ort alles wunderbar für uns. Vorher flogen wir drei, vier Jahre nach Toronto, um in den Sommerwochen dort im Cricket-Club zu trainieren. Dort war Brian

Orser zu Hause, ein kanadischer Einzelläufer, bekannt für seinen sicheren dreifachen Axel. Nun arbeitet er als Trainer. Viele Weltstars gehen in diesem Club ein und aus.

Die Schlittschuhe sind das Heiligtum

Die eigenen Schlittschuhe lässt kein Eiskunstläufer aus den Augen, niemand darf sie anfassen, geschweige denn hineinfahren. Die meisten Sportler sind mit ihnen geradezu verwachsen und gehen äußerst behutsam mit ihren Schlittschuhen um.
Nach jedem Lauf wischt man sie trocken, hin und wieder cremt man sie ein. Ich ziehe immer meinen linken Schlittschuh zuerst an, das war von Anfang an so. Viele Läufer haben solch kleine Rituale.
Auf jeden Fall muss der Kantenschliff stimmen. Wenn man merkt, dass die Kante nicht mehr so auf dem Eis greift, wie es für ein sicheres Laufen nötig ist, dann muss nachgeschliffen werden. Das empfinden alle Läufer unterschiedlich, es gibt keinen festen Rhythmus. Aljonas Kufen schleife ich ständig nach, weil sie ein ganz feines Gespür dafür entwickelt hat – manchmal bastle ich wochenlang an dem Schliff herum. Bei Robin sind die Abstände etwas größer, er läuft länger gut mit dem Schliff auf dem Eis.
Die Schrauben, die die Kufen an den Schuh binden, müssen regelmäßig nachgezogen werden, damit die Kufen sich nicht vom Schuh lösen und uns nicht um die Ohren fliegen. Früher hielten die Schuhe zudem nicht besonders lange. Ein Jahr lief man mit ihnen, dann mussten neue her.
Unser Schuhmacher in Berlin Williams war der einzige, der diese Maßschuhe herstellte, später übernahm das Jacob Böhme.

Die Schuhe waren so schrecklich hart, dass wir sie unter Schmerzen einlaufen mussten, bis wir gut mit ihnen zurechtkamen. Mancher meinte, der alte Trick in die Schuhe zu pinkeln, würde helfen – bestätigen kann ich das leider nicht. Letztendlich machte die permanente Arbeit auf dem Eis das knochentrockene Leder dann doch immer gefügig.

Ich erinnere mich gut daran, wie wir, noch mit dem Gefühl von den alten Schuhen in unseren Füßen, in den neuen Stiefeln sofort alle Sprünge probierten, die über die Spitze gesprungen wurden: die sogenannten „eingestochenen" Sprünge. Nur mit den Kantensprüngen, dem Axel zum Beispiel, hielten wir uns anfangs zurück, damit wir uns nicht unnötig verletzten. Heute tasten sich die Läufer langsamer an ihre ersten Sprünge in neuen Schuhen heran.

Im Übrigen gibt es derzeit einige Firmen mehr als früher, die Maßschuhe für den Eislauf anfertigen. Aljona, Robin und ich bestellen unsere Schuhe jetzt bei der Firma *Harlick* in Amerika.

Foto: Privat

Früher lief ich einen *Risport*, dessen Hersteller sich auf Eislaufschuhe spezialisiert hatte – allerdings bestimmte Größen, keine Maßanfertigungen. In solche Schuhe schlüpft man hinein und sucht sich die Größe aus, in der sich die Füße am wohlsten fühlen.

Robin kommt mit *Risport* gut zurecht; mir schmerzten irgendwann immer die Füße, deshalb ließ ich mir einen Maßschuh anfertigen, mit dem ich bis heute laufe. Das entscheidet aber jeder Sportler für sich selbst. Die Mode der 80er und 90er Jahre, sich die Schuhe in der zum Kostüm passenden Farbe anfertigen zu lassen, liegt Gott sei Dank hinter uns.

Männer tragen schwarz, die Damen beige, um der Beinlinie noch etwas mehr Streckung zu geben. So viel zum Heiligtum des Eiskunstläufers.

Trainingsplan

Was nützen die besten Schlittschuhe ohne Trainingsplan? Natürlich nichts.

Für mich als Trainer ist dieser Plan ein wichtiges Arbeitsmittel. Zuerst steht die Frage danach, was ich erreichen will. Dann überlege ich, wie ich den Läufer am besten athletisch vorbereiten kann. Ich habe noch sehr genau meine eigenen Trainingspläne vor Augen, in denen penibel festgelegt war, was ich wann und wie zu tun und zu lassen hatte. Sie waren gewissermaßen mein Haltegurt.

Aljona und Robin, die viele Jahre auf dem Eis verbracht haben und über ein immenses Wissen und große Erfahrung verfügen, begleite ich mit meinen Plänen nicht nur auf dem Eis, sondern auch im Athletiktraining. Ich formuliere größere und kleinere Ziele, achte auf Körperhaltung, Fußstellung und ähnliches, damit ich sie, wenn nötig, unterstützen kann und ihre Tagesform kenne.

Foto: Dirk Kohl

Wenn ich mit ihnen aufs Eis gehe, weiß ich genau, wie ihre Erwärmung ausgesehen hat. Läuft das Training dann mal nicht so gut oder anders als sonst, finde ich leichter den Grund dafür und verändere die Übungen auf dem Eis, ohne meinen Plan aus den Augen zu verlieren.

Üblicherweise erscheine ich eine Stunde, bevor das eigentliche Training beginnt, in der Halle. Wenn die Läufer ihre Muskeln und Sehnen auf das Training vorbereiten, sich fit machen für den Tag, bin ich zugegen und trainiere mit ihnen. Ich will nicht sagen: „Erwärmt euch!" und währenddessen meine Mails checken oder mir noch einen Cappuccino genehmigen. Ich möchte dabei sein von der ersten Minute an. Denn bereits mit der Erwärmung beginnt das Training.

Gleiches gilt für die Nachbereitung, in der wir den Tag mit seinen einzelnen Übungseinheiten noch einmal Revue passieren lassen. Als freier Trainer übernehme ich und kein anderer die Verantwortung für meine Schützlinge und nur, wenn ich mich selbst und meine Arbeit ernst nehme, kann ich nach einem Trainingstag wirklich zufrieden sein.

Foto: Dirk Kohl

Immer wieder variiere ich meine Arbeitsweise entsprechend dem aktuellen Leistungslevel.

Manchmal kann man als Besucher in die Eishalle kommen, meine beiden Sportler trainieren, und ich stehe, ohne mich groß zu regen, auf dem Eis.

Ich stehe und schaue nur. Beide haben spezielle Trainingspläne und erarbeiten sich Schritt für Schritt, Tag für Tag, ihre Übungsaufgaben. So geschieht es manchmal, dass ich nur registriere, was Aljona und Robin in den letzten Tagen im Einzelnen für sich erarbeitet haben.

Wenn ich das Gefühl habe, dass alles läuft, dann greife ich nicht ein. Warum soll ich etwas zerstören, das im Fluss ist? Am Anfang unserer gemeinsamen Arbeit musste ich natürlich viele Bewegungen und Schritte erklären und zeigen, aber heute bleibt es bei Korrekturen auf einem ganz anderen Niveau.

Als selbstständiger Coach im Eiskunstlauf zu arbeiten, das heißt auch, frei von allen Zwängen zu sein. Das ist die gute Seite der Medaille. Nicht nach bestimmten Regeln zu funktionieren, nicht zwingend mit genau dieser Stelle Geld verdienen zu müssen, damit man überleben kann.

Vielleicht kommt eine solche Situation aber irgendwann auf mich zu – weiß ich, was nach 2014 sein wird? Sicher ist nur, dass dann ein neuer Abschnitt beginnt. Im Augenblick bin ich als Trainer gefragt und könnte auf beinahe jedem Kontinent arbeiten. Das gilt für heute und jetzt, aber nicht für ewig. Es ist kein sicherer Arbeitsplatz für die nächsten 15 Jahre. Mein Vater meinte immer, ich müsse einen Beruf ausüben, der mir Sicherheit im Leben bringen würde. Aber was ist schon sicher? Von Zeit zu Zeit sitze ich abends allein am Feuer und weiß für den Augenblick nicht, wie ich am nächsten Morgen in der Halle und beim Training überzeugen kann. Dann durchstöbere ich mein Gehirn nach Worten, Argumenten oder Ideen. Ich zweifle, doch nur für einen Augenblick.

Vom Zauber der Musik und der Choreografie

Die Musik hat sich schon lange in meinem Leben breitgemacht. Von morgens bis abends klingen Melodien durch die Eishalle; sie hauchen dem Eiskunstlauf Leben ein.

Wenn ich neue Musik höre, schwingt immer ein bisschen Erwartung mit. So als ob etwas in mir immer auf dem Sprung wäre, auf der Lauer nach inspirierenden Klängen. Seit immerhin zweieinhalb Jahrzehnten stelle ich mir für beinahe jedes Programm meine eigene Musik zusammen.

Auf einem *Tessla B3* begann ich, Bänder zu schneiden und Schnipsel zu kleben, bis ich den richtigen Musikmix zusammenhatte. Stundenlang saß ich an meinem kleinen Schneidetisch und probierte verschiedene Varianten. Schließlich muss sich alles gut zusammenfügen, hier bin ich genauso Perfektionist wie auf dem Eis – mein Verhältnis zur Musik ist ebenso eng.

Am Anfang des Eisläuferlebens spielt das noch keine Rolle, man macht seine Schritte und Sprünge. Man lernt und geht auf Tuchfühlung mit dem Eis. Dann beginnen die Gedanken mehr und mehr um die Musik zu kreisen und die Frage, zu welcher Musik man laufen will, lässt einen nicht mehr los.

Immer schwirrt einem nun im Kopf herum: „Mit welcher Musik kann ich verschmelzen, welche Melodie passt zu mir? Wonach verlangt meine Seele, wenn ich auf dem Eis laufe?" Dann ist man hoffnungslos infiziert.

Ich glaube, erst wenn ein Läufer oder eine Läuferin in diese innerliche Beteiligung hineinwächst, erwacht tatsächlich der Eiskunstläufer in ihm oder ihr. Bei uns in der Halle bestimmt die Musik meinen ganzen Tagesablauf. Wenn ich am Abend doch einmal den Fernseher einschalte, interessiert mich zuerst die Musik zum jeweiligen Film oder Beitrag. Es läuft beispielsweise ein Film, und meine Wahrnehmung dafür setzt erst ein, wenn die Musik dazu mich berührt, mir Gänsehaut verursacht. Ich verbinde sie sofort mit meiner aktuellen Arbeit oder mir kommt die zündende Idee für ein neues Projekt. Die Assoziationen fallen ganz unterschiedlich aus, aber fest steht: Die besten und manchmal verrücktesten Ideen habe ich unter dem Einfluss von Musik. Es gibt viele schöne Melodien, die man fürs Eislaufen nicht verwenden kann. Manchmal, wenn ich einige Takte höre, sehe ich sofort ein Bild vor mir. Wenn man auf Krampf Musik sucht, bleibt die Seele aber oft unberührt. Es funktioniert nicht anders, als geduldig zu warten, bis die richtige Musik einen findet.

2009 hat André Rieu die Musik für unsere Kür bei den Olympischen Winterspielen 2010 komponiert. Er hat das gern gemacht. In jenem Sommer fuhr ich zu ihm nach Maastricht in sein Studio, er holte sein Orchester dazu und nach meinen Vorstellungen – passend fürs Eis – spielte er den Titel mit seinen Musikern ein. Irgendetwas hat aber nicht gepasst. Die Kür, die ich dazu schrieb, war toll! Leider war sie aber eine Nummer zu groß und zu anspruchsvoll; ich fühlte sehr schnell, dass etwas nicht stimmte, wollte es aber nicht wahrhaben. Ich wollte partout eine Kür zu dieser Musik haben, aber sie passte einfach nicht zu Aljona und Robin.

Aljona merkte mit ihrer weiblichen Intuition zuerst, dass wir uns damit überfordern würden und wählte die Musik – und mit ihr die Kür – kurzerhand ab.

Im ersten Moment geriet mein Blut in Wallung und ich hatte das dringende Bedürfnis, die Eishalle zu verlassen. Dann erkannte ich aber sehr schnell, dass der Abbruch die naheliegende Lösung war. Nach zwei misslungenen Wettkämpfen in Oberstdorf und beim Grand Prix in Paris zog ich die Reißleine und baute innerhalb einer Woche eine neue Kür mit Aljona und Robin auf.

Ich suchte abermals Musik und auf diesem Tonteppich perfektionierten wir in den folgenden Wochen die Kür, mit der wir im November 2009 in Kanada beim Grand Prix die Höchstnote 10 holten.

Aljona und Robin waren die ersten Eisläufer in der Geschichte, die nach dem neuen Benotungssystem die Höchstnote 10 erreichten – die frühere 6,0!

Dem von mir sehr geschätzten André Rieu konnte ich im Übrigen vermitteln, dass das alles keinesfalls mit seiner Komposition, sondern mit meiner Intuition und Choreografie zusammenhing. Wie wir später sehen sollten, entmutigte es ihn nicht, uns noch einmal mit einer Musik zu überraschen ...

Oft erhalte ich musikalische Post. Über Facebook haben wir Kontakt mit vielen Fans, die uns schreiben und tolle Ideen und Musikvorschläge unterbreiten. Leider sind das oft Titel, zu denen wir im Vorjahr bereits übers Eis liefen oder die Aljona und Robin von früher kannten, als sie noch nicht gemeinsam liefen. Es kommt kaum vor, dass Eiskunstläufer zweimal zur gleichen Musik laufen.

„Chore"

Eine Kür erblickt das Licht der Welt nicht über Nacht oder etwa in einer besonders intensiven Stunde. Den Anfang macht immer die Musik. Meist treffe ich eine Vorauswahl aus meiner Musikbibliothek, die mit den Jahren ziemlich umfangreich geworden ist.

Immer muss die Musik bearbeitet, auf die Länge des Kurzprogrammes oder der Kür zurechtgeschnitten werden. Das heißt aber noch lange nicht, dass Aljona und Robin damit einverstanden sind. Erst wenn wir alle drei meinen: „Ja, das ist es!", gilt die Musik als ausgewählt.

Einige Tage später, sagen wir eine Woche, setze ich den Arbeitsbeginn; es ist aber auch möglich, dass ich beim Einlegen der CD von Inspiration heimgesucht werde und am liebsten sofort beginnen möchte.

In dem Moment, in dem ich dann die Musik einlege, beginne ich intensiv darüber nachzudenken, wohin die Reise geht. Was kann ich daraus machen? Was steckt in der Musik?

Nun folgt eine Skizze, ein Entwurf von dem, was später auf dem Eis geschieht. Ich stelle mir vor, was und wie meine Sportler laufen könnten und ahne, welche Geschichte sie auf dem Eis erzählen werden. Genaueres weiß ich dann noch nicht. Ich fühle mehr, als dass ich weiß.

Mit diesen Empfindungen entsteht in mir Neues und ich beginne, meinen Ideen Raum zu geben. Ganz allmählich wächst ein Stück dazu, verbindet eine Schrittfolge das letzte Element mit der nächsten Drehung oder dem nächsten Sprung. Ich brauche viel Zeit, um das Programm mit meinen Läufern zu erarbeiten. Tage und Wochen gehen damit ins Land. Irgendwann existiert ein choreografischer Rahmen und dieser Entwurf bildet die Grundlage der Kür.

Die ersten Küren, die ich für Aljona und Robin geschrieben habe, bin ich immer zunächst selbst gelaufen. Anfangs kam von den beiden meist: „Nein, das ist Quatsch, so ein Blödsinn, das ist ja verrückt!" Als sie mich aber dazu laufen sahen, half das und sie konnten meine Vorschläge mehr und mehr annehmen. Jetzt geben und nehmen wir in unserem Team in ausgewogenem Maße, greifen Anregungen auf und entwickeln sie weiter. Eins greift in andere. Von gelegentlichen Disharmonien abgesehen, wissen Aljona und Robin, wie ich denke; sie verstehen, wie ich generell herangehe. Aus den beiden wurden – dafür bin ich sehr dankbar – wirkliche Profis.
Manchmal vergleiche ich meine Arbeit mit der Malerei. Meine beiden Läufer sind die Farben, die, so oder so eingesetzt, am Schluss ein Bild entstehen lassen. Wie ausdrucksstark und stimmig diese Komposition wirkt, hängt auch von der Gabe des Malers ab. Auf der einen Seite sehe ich mich mit meinen Entwürfen als Künstler, auf der anderen Seite setzen Aljona und Robin meine Ideen fast Eins zu Eins um; so lässt es sich gut arbeiten. Eine Sache, die sich in unserem Team gut entwickelt hat. Die beiden lassen mich meinen Job machen und vertrauen mir: „Der ist verrückt! Aber, na gut, wenn er denkt, das passt für uns, dann proben wir die Sequenz auch so!"

Ich erkläre beiden, was ich möchte; meistens laufe ich die Schritte und Übergänge, deute Bewegungen an. Daraus entwickelt sich wiederum eine neue Bewegung. In diese Läufe gehen Aljona und Robin hinein. Sie zeigen mir, was sie gesehen haben, nehmen die Energie auf und folgen im weiteren Verlauf gefühlvoll ihrer Intuition. Diese Augenblicke sind immer freudvoll, weil wir als eingespieltes Team etwas entwickeln und kreativ sind.
Unser gemeinsames Grundverständnis über viele eisläuferische Komponenten ist in den vergangenen zehn Jahren stetig

gewachsen; das ist ein Riesenpfund, mit dem wir wuchern können. Choreografien entwickeln ist in diesem Rahmen eine tolle Sache. Andererseits setze ich mich dabei wahnsinnig unter Druck. Das schöne, ausgereifte Programm der vergangenen Saison schwingt ja noch in Herz und Hirn, liegt auf einem beträchtlich hohen Niveau und schon brauchen wir ein neues. Wie bei einem Sänger, der einen Hit gelandet hat und nun nachlegen muss. Alle applaudieren ihm und meinen, das sei das Beste, was er je gemacht hat. Ich sage dann immer: „Leute, das war's noch lange nicht!" So viele Ideen in mir wollen umgesetzt werden; ich bin noch lange nicht am Schluss. Ich will zeigen, dass es immer weitergeht! Es ist ganz praktisch, dass ich als Trainer und Choreograf in einem agiere. Zum einen spart das Zeit und macht das Arbeiten leichter. Bei uns muss nicht der Choreograf anreisen, um Elemente auszutauschen oder Passagen neu zu schreiben. Zum anderen fallen weniger Kosten an. So wächst das Programm jeden Tag ein Stückchen mehr, einmal aus choreografischer, ein andermal aus technischer Sicht des Coachs. Wenn mir etwas nicht gefällt, Aljona und Robin in eine Sequenz nicht so gut hineinkommen oder eine Hebefigur nicht wirklich gelingen will, dann probieren wir gleich an Ort und Stelle und müssen nicht erst beim Choreografen anfragen.

Faszinierend ist, dass Aljona und Robin alle Genres der Musik interpretieren können, ganz gleich ob Jazz, Rock oder Klassik. Sie laufen Stücke wie „Mission" oder „Schindlers Liste" genauso souverän wie den „Nussknacker". Auch das macht sie zu einem Spitzenpaar.

Manchmal gelingt ein Programmentwurf fürs Erste aus einem Guss. Später, bei der Arbeit mit den Elementen, spüre ich, dass etwas nicht stimmt, und ändere es.

Klar ginge es auch einfacher, von links nach rechts, von rechts nach links, ein paar Sprünge, die Übergänge, aus. Unser Anspruch ist ein anderer. Wir wollen aparte Programme entwerfen. Sinnlich sollen sie sein und emotional berührend, eine Geschichte erzählen. Beispiele dafür gibt es viele: die Kür vom gewitzten, rosaroten Panther oder die Erinnerung an eine vergangene Liebe. Wir wollen unser Publikum mit auf Reisen nehmen und für jeweils rund 2 Minuten und 40 Sekunden beziehungsweise 4 Minuten und 30 Sekunden in eine andere Welt entführen.

Das bedeutet für Aljona und Robin, ganz bei sich zu sein und jede Sequenz, die sie laufen, auch zu fühlen. Nur so entsteht ein emotionaler Sog, dem sich das Publikum nicht entziehen kann; alle Arbeit unterhalb dieses Anspruches kann ich nicht gebrauchen. 2012 zum Beispiel entschieden wir, die „Pina Bausch"-Kür ad acta zu legen. Weil

Foto: Wikipedia

sie so außergewöhnlich war und wir mit ihr 2011 zum vierten Mal Weltmeister wurden, wollten wir eigentlich an ihr arbeiten und sie weiter laufen. Aber dann waren wir alle drei unzufrieden und wussten nicht warum. Plötzlich steckten wir fest und nichts ging mehr.

Es war Aljona, die mich dazu brachte, meinem Gefühl nachzugeben und eine neue Choreografie in Angriff zu nehmen. Wenn sie spürt, dass ein Programm nicht mehr funktioniert, dann wirft sie lieber alles über den Haufen und sucht nach etwas ganz Neuem.

Die letzte Kür für Olympia 2014

Für unser letztes gemeinsames olympisches Programm brauchten wir endlos lange, um die passende Musik für das Kurzprogramm zu finden. Schon seit einem Jahr beherrschte mich die Idee, den Titel „Imagine" von John Lennon dafür choreografisch zu bearbeiten und aufs olympische Eis zu bringen. Mir fuhr der Schreck in die Glieder, als ich das Lied als Abschlussmusik bei den Olympischen Sommerspielen in London 2012 hörte! Ich dachte, ich höre nicht richtig, denn bis zu diesem Augenblick war keiner, der im Eiskunstlauf Rang und Namen hatte, zu diesem Song gelaufen, kein Einzelläufer, kein Paar, niemand!

Also versuchte ich, ungesungene Versionen zu finden, die mich auch berührten und bei denen ich Ideen auf dem Eis entwickeln konnte. Keine Version machte mich zufrieden. Da beschloss ich, Geld in die Hand zu nehmen und mir den Titel von einer Band einspielen zu lassen, nach neuem Arrangement und in verschiedenen Versionen. Leider – oder vielleicht zum Glück – kam ich mit diesen Vorschlägen bei meinen beiden Sportlern überhaupt nicht an. Die Version, die letztendlich als halbwegs akzeptabel übrig blieb, besaß auch nichts mehr von dem Zauber, den ich anfangs in dem Lennon-Titel entdeckt hatte.

Im Nachhinein war diese Abwahl von Vorteil, denn mittlerweile liefen Yu-Na Kim, Olympiasiegerin, sowie Weltmeisterin Carolina Kostner bei verschiedenen Showveranstaltungen ihre Programme zu „Imagine".

Noch immer hatten wir also keine Musik für das Kurzprogramm, und nun drängte die Zeit allmählich. Mitte Juni 2013, ich saß beim Frühstück, klingelte meine Telefon und ich erhielt eine Nachricht: „Hallo, lieber Ingo! Meine Frau und ich trinken gerade unseren morgendlichen Kaffee und soeben meinte sie, mein neues Lied könnte etwas für dich und deine beiden Sportler sein. Liebe Grüße, André Rieu."

Das ereignete sich einen Tag, nachdem ich Aljona und Robin noch ungefähr fünfundzwanzig weitere Titel vorgelegt hatte, zu denen ich nun endlich das olympische Kurzprogramm choreografieren wollte, aber kein Song ging ihnen unter die Haut. Auch André Rieus Titel schaffte das nicht, eine Adaption von „Winter comes" von Chris de Burgh. Die Kürmusik stand schon lange fest, nur die verflixte Musik zum Kurzprogramm wollte sich nicht finden lassen. Als wir kurz darauf für ein mehrwöchiges Showprogramm nach Asien reisten, schnitt ich dort weiter jeden Tag Musiken zusammen, aber nie war das Richtige dabei. Ich grämte mich und steckte fest. In der Woche nach unserer Rückkehr aus Asien wollte ich und mussten wir endlich die Musik festlegen. Um die Tage nach dem Jetlag zu überbrücken, spielte ich ihnen aus unserer Endauswahl von fünf Musiken Titel für Titel vor. In unserer gemeinsamen Auswahl befand sich der Titel von André Rieu – bearbeitet natürlich, denn vier Minuten sind eine Minute und dreißig Sekunden zu lang fürs Kurzprogramm.

Am Ende blieb tatsächlich „Winter comes" übrig. Endlich war entschieden, dass sie zu dieser Melodie zeigen würden, was sie in all den Jahren gelernt und sich erarbeitet hatten. Nun begann das Choreografieren. Gemeinsam mit Aljona, die sich mit den Jahren immer stärker in den Aufbau der Programme einbrachte, begann ich, die Reihenfolge der Elemente zu überlegen. Sollte der dreifache Wurfaxel gleich zu Beginn gesprungen werden oder doch lieber ganz am Schluss? Wo setzen wir die Pirouette hin und wie viel Zeit bleibt für die Schrittfolgen zwischendurch? Also schnitt ich drei Wochen lang noch einmal vier, fünf verschiedene musikalische Versionen des ausgewählten Titels. Einfach war das nicht, denn eine Musik, die sich unaufhörlich steigert, ist fast unmöglich zurechtzuschneiden.

In dieser Zeit verspürte ich streckenweise eine völlige Leere; ein enormer Druck lastete auf mir. Ich musste Aljona und Robin endlich die Musik präsentieren, mit der sie sich hundertprozentig wohlfühlen würden, die es ihnen ermöglichte, nach außen zu bringen, was in ihnen steckte. Damals kam ich nach einem langen Tag nach Hause und hatte das Gefühl, keinen Millimeter vorwärtsgekommen zu sein. Ich war kaputt und konnte trotzdem nicht einschlafen, schreckte nach zwei Stunden wieder auf und fand nicht in den Schlaf zurück. „Was kann ich anders machen? Wie könnte es besser funktionieren?", so grübelte ich die ganze Nacht.

Bei mir drehte sich alles nur um das Kurzprogramm und jeden Morgen neu musste ich mich motivieren, denn meine vierfachen Weltmeister verlangten nach einem exzellenten Programm. Dabei ging es nicht darum, etwas ganz Besonderes zu machen, etwas, das es noch nie im Eiskunstlauf gab, sondern es galt, den Musikschnitt und die Bewegungsabfolge zu finden, die sie nach allen Regeln der Kunst interpretieren würden.

Ich kannte punktuellen Stillstand aus den Jahren zuvor und wusste, wenn ich es bisher immer geschafft hatte, dann würde ganz bestimmt auch diesmal irgendwann die zündende Idee kommen, die mich in der Choreografie weiterbringen und durch dieses Tal hindurchführen würde.

Dann hatte ich ein langes Wochenende meinen Sohn bei mir, wir spielten und hatten Spaß miteinander; Aljona und Robin verbrachten jeweils Zeit allein oder mit ihren Freunden. Zu Wochenbeginn starteten wir wieder neu durch. Kurz darauf fanden wir gemeinsam zu dem Kurzprogramm, das schließlich in Sotschi gezeigt werden soll. Wenn alles gut geht, werden sie ihr Publikum berühren und mitnehmen auf die Reise durch ihr Programm.

Im Sommer 2013 hatten uns die Vorbereitungen auf das olympische Programm fest im Griff. Einige Tage verbrachte ich damals jedoch in der Türkei. Das hatte eine besondere Bewandtnis; lange vorher hatte ich festgestellt, dass sich mein Haar am Hinterkopf verräterisch verflüchtigte und allmählich einer kleinen Glatze Platz machte.

Nicht nur der Italiener Berlusconi fasste vor mir den Entschluss, auch der Modedesigner Harald Glööckler und Wayne Roony, ein Fußballer der englischen Nationalmannschaft, hatten sich dazu entschlossen. Also, da meiner Meinung nach für einen kahlen Kopf die Zeit noch nicht reif war, dachte ich, warum es nicht wagen und ein paar Haare von hinten nach vorn holen? Um es etwas preisgünstiger zu haben, ließ ich mich in der Türkei operieren.

Fotos: Privat

Einige Wochen lief ich danach nur noch mit Basecap herum, denn was am meisten schmerzte, war der

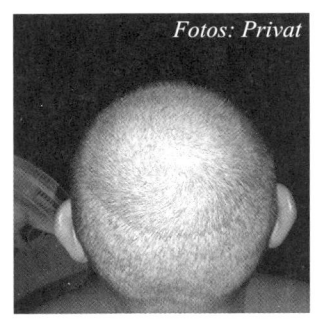

Blick in den Spiegel. Dessen sollte sich jeder Mann, der Gleiches vorhat, bewusst sein: Bis ein kahl geschorener Kopf, der mit kleinen, blutunterlaufenen Stellen übersät ist, wieder halbwegs tauglich für die Öffentlichkeit ist, können zwei Monate vergehen.

Sorgsam den Kopf bedeckt haltend, flog ich mit meinen zwei Eiskunstläufern am Tag nach meiner Rückkehr aus türkischen Gefilden nach Toronto zu David Wilson. Der hatte sich als Choreograf mit zahlreichen Programmen einen Namen gemacht, schrieb für viele gute Eiskunstläufer, vor allem im Einzellauf. Mittlerweile arbeitet er international ungemein erfolgreich. Als wir uns das erste Mal begegneten – im Cricket-Club, in dem wir jahrelang trainierten – war er mir sofort sympathisch.

Über die Jahre hielten wir Kontakt und mir war klar, irgendwann einmal würde ich ihn bitten, mit mir zusammenzuarbeiten. Für Olympia 2014 sollte es dann tatsächlich geschehen. David war begeistert davon, für uns und mit uns zu arbeiten. Die Auswahl der Kürmusik war Wochen zuvor völlig unproblematisch vonstatten gegangen. Das Nussknacker-Adagio befand sich seit über sechs Jahren in meiner Musikbibliothek, denn ich wusste, zu dieser fabelhaften Melodie würde ich ganz bestimmt eine Choreografie schreiben müssen, nur der Zeitpunkt stand noch nicht fest. Ich spielte sie Aljona und Robin vor und war völlig überrascht von ihrer beider sofortigem „Ja!", denn es geschieht nur sehr selten, dass sie sich fast augenblicklich von ein und derselben Musik angesprochen fühlen.

Auch David fand das Adagio perfekt und so stand unserem gemeinsamen Projekt nichts mehr im Wege. Ich war, wie man sich sicher vorstellen kann, sehr glücklich über so viel Übereinstimmung. Noch zu Hause in Chemnitz, bevor wir zu ihm nach

Toronto flogen, stellten wir uns aufs Eis und leisteten ein wenig Vorarbeit, indem wir überlegten, an welche Stelle des Programmes wir welche Elemente platzieren könnten. So kamen wir am 25. Juli 2013 in Kanada an.
Als wir dort auf dem Eis anfingen zu arbeiten, fiel uns plötzlich alles ganz leicht, eins ging ins andere über. David und ich ergänzten uns fantastisch und wir kamen zügig voran, weil unsere Ideen förmlich miteinander verschmolzen. Aljona und Robin brauchten das Programm „nur noch" umzusetzen.

Innerhalb einer Woche entstand eine der besten Choreografien, die sie je hatten, und jetzt liegt es an uns, dieses herrliche Nussknacker-Adagio zum Leuchten zu bringen. Viele sich immer wiederholende Bewegungen erzählen eine Geschichte, von E.T.A. Hoffmann einst als „Nussknacker und Mausekönig" geschrieben.

Alexandre Dumas bearbeitete die Fassung später, Peter Tschaikowski vertonte sie und so bringen wir in Sotschi eine deutsche Geschichte mit russischer Musik auf das Eis. Aljona und Robin können sich, wie bei „Pink Panther", mit dem wir 2011 in Moskau Weltmeister wurden, der Geschichte völlig hingeben.

Dazu die Sprünge und all die anderen Elemente – wenn alles gut klappt, ist die Goldmedaille auf jeden Fall drin. Natürlich schläft die Konkurrenz nicht, und unsere härtesten Rivalen, Tatjana Wolososchar und Maxim Trankow, laufen technisch auf sehr, sehr hohem Niveau; sie sind Eiskunstläufer der Extraklasse. Ich bin aufrichtig begeistert von ihrer Art zu laufen. Allerdings scheint immer ein wenig Kühle durch ihr Programm, während Aljona und Robin mehr Herzblut zeigen.

Auch wenn schon keiner mehr daran glaubte, konnten wir nun 2013 zum Grand-Prix-Finale in Fukuoka unsere russischen Konkurrenten auf den zweiten Platz verweisen und unseren vierten Grand-Prix-Finalsieg erringen.

Es bleibt abzuwarten, was bis Sotschi noch geschieht und wie sich die Fortschritte im Training gestalten, denn noch muss an vielen Passagen gefeilt werden.

Eiskunstlauf und Ballett stehen nah beieinander, das zeigt sich gerade in diesem letzten Programm, und so arbeitet die Ballettlehrerin und ehemalige Primaballerina Marina Solodownikowa mit Aljona und Robin an der Haltung von Fingern und Händen und an all den unzähligen kleinen Gesten.

Auch der Eistanztrainer Martin Skotnitzki gehörte für einige Zeit zum Team, ich habe ja bereits von ihm berichtet. Er arbeitet derzeit in Oberstdorf und ich bat ihn, nach Chemnitz zu kommen und über unsere olympischen Programme zu schauen, denn mir liegt an seinem Urteil.

Ich mag Martins Art, an die Dinge, ganz gleich welche, heranzugehen, und lerne gern von ihm. Er ist ein toller Trainer und ich bin froh, dass ich ihn mit im Boot hatte.

Eine Kreditkarte

Choreografieren bedeutet immer auch feinjustieren – wie beispielsweise das Einlaufen eines neuen Schlittschuhs.

In Vorbereitung der Weltmeisterschaften 2013 hatten wir ein riesiges Problem. Wir trainierten den dreifachen Axel. Ein Wurf, der technische Genauigkeit erfordert, ebenso wie alle anderen auch.

Aljona schlüpfte in ihre Schlittschuhe, setzte zum Sprung an und rutschte einfach durch Robins Arme durch. Noch einmal von vorn – gleiches Ergebnis. Wieder und wieder. Jeder meinte, sie müsse etwas falsch machen, schließlich gehörte das Element

schon lange zu ihrem Repertoire. Doch so sehr sie sich auch bemühte, es wollte einfach nicht mehr gelingen.
Der Teufel steckte in irgendeinem verflixt kleinen Detail, wir mussten es nur finden. Schließlich machte ich Filmaufnahmen und Fotos und verglich sie mit den Aufnahmen früherer Sprünge. Mit einem Mal machte es bei mir *Klick*, denn ich sah, dass sich ihre Haltung vor dem Wurf völlig verändert hatte. Aber warum? Hatte sie ein anderes Tempo drauf? Lief sie langsamer in den Wurf hinein? Das konnte ich mir nicht vorstellen, denn Aljona arbeitet so lange an einem Element, bis sie jeden kleinen Teilschritt perfekt beherrscht. Das Tempo gehört dazu, es ist fest abgespeichert auf der Festplatte. Zudem gehörte der dreifache Axel zum ständigen Trainingsprogramm. Was, in aller Welt, stimmte hier nicht?
Da erinnerte ich mich an eine Bemerkung Aljonas. Als sie ihre Schlittschuhe einlief, meinte sie, sie „stünde irgendwie komisch in den Schuhen". Frauen sind sehr sensibel, was ihre Schlittschuhe angeht – vielleicht, weil sie ohnehin über die Jahrhunderte einen feinen Sinn für Schuhe entwickelt haben? Ich dachte, das gibt sich, denn ich wusste, es brauchte etwas Zeit. Männer laufen ihre Schuhe bis zu zwei Monate ein, dann sitzen sie wie die Vorgänger.

Aljonas Schiene war jetzt etwas runder als früher. Das hatte ich versucht zu verdrängen und dachte, mit dem Einlaufen würde sie das kompensieren. Ich ging aufs Eis und lief selbst das Element, experimentierte mit dem Schwerpunkt und erinnerte mich, wie Aljona gesagt hatte: „Komisch, ich komme vorn nicht drauf." Und dann hatte ich die Lösung!
Ich nahm nach dem Training ihren Schuhen die Schienen ab, legte hinten eine Kreditkarte unter und erhöhte damit den Stahl im hinteren Bereich um einen Millimeter. Als sie gleich am sel-

ben Abend noch einmal aufs Eis ging, strahlte sie und meinte, sie hätte ein ganz anderes Gefühl!
Bis zu diesem Moment probierst du und überlegst und fällst den Wasserfall runter und kommst nicht mehr hoch. Du studierst mit deinen Sportlern eine Kür ein, kommst bis zu einem gewissen Punkt. Dann willst du weitergehen und bleibst an einem simplen Absprung hängen! Tagelang, manchmal über Wochen stagniert alles, doch plötzlich schnipst dich eine Kreditkarte wieder zurück in dein Leben!
Ich hatte Gänsehaut und heulte fast vor Freude. Wahnsinn. Und dann geht alles weiter seinen ganz normalen Gang – bis zum nächsten Stolperstein.

Bei unserer ersten gemeinsamen Kür liefen Aljona und Robin 2005 bei den Weltmeisterschaften in Russland zu „Casablanca". Diese Kür war sensationell, bestach durch ihre Dynamik und einen dreifachen Wurf in den letzten Sekunden. Wir landeten auf dem 6. Platz. Am Ende des Wettkampfes kamen Preisrichter und Trainer zu mir und meinten, das wäre das Beste, was sie an diesem Abend gesehen hätten. Besser als das, was die Weltmeister gemacht hätten, man stelle sich das vor! Den Gesamteindruck des Programms bestimmt nun einmal die Choreografie ganz wesentlich. Mir bedeutete diese Wertschätzung von Menschen, die ich lange kannte und achtete, sehr viel. Auch Konkurrenten kamen auf mich zu und klopften mir auf die Schulter.
Ich wusste somit, ich lief in die richtige Richtung. Da lag meine Zukunft. Und stolz war ich! Eine große Welle positiver Resonanz schwappte zu mir und uns herüber. Die Deutsche Eislaufunion fand bestätigt, was vermutet wurde: Aljona und Robin hatten das Zeug zu Weltklasseläufern. Sollten zukünftig deutsche Eiskunstläufer international wieder mithalten können?

Um richtig Fahrt aufzunehmen, entschied die DEU, eine amerikanische Choreografin das nächste Programm schreiben zu lassen.
Sicher versteht man, dass ich über alle Maßen verschnupft war. Das Paar, das seit anderthalb Jahren von mir trainiert wurde, sollte von einer anderen, professionelleren Choreografin beraten werden. Ich glaubte, nicht richtig gehört zu haben. War der Wettkampf nicht übertragen worden? Wen wundert es – ich war brüskiert und total verletzt.
Eigentlich plante ich, an der Stelle weiterzumachen, an der wir aufgehört hatten; schon entstanden neue Skizzen für die nächste Kür. Wollte man tatsächlich unnötig viel Geld für fremde Choreografen ausgeben, nur um schneller ein, zwei Punkte mehr und damit den erhoffen Medaillensieg zu erheischen?
Mit dem 6. Platz hing uns keine Medaille um den Hals, als wir heimkamen, das stimmt. *Noch* nicht, dachte ich damals, aber das würde schon werden, davon war ich überzeugt.
Uns dem Druck fügend, reisten wir nach Amerika. Gott sei Dank saß ich mit im Flugzeug. Die angesehene amerikanische Choreografin sollte meinen beiden also eine völlig neue Choreografie auf den Leib schreiben.
„Wie lauft ihr denn eigentlich?", fragte sie kurz nach unserer Ankunft und sagte, sie müsse sich erst einmal anschauen, welche Stilistik Aljona und Robin pflegten. Nach Videos und Musik fragte sie, ob wir die mitgebracht hätten?
Meine Arbeitsweise sah ganz anders aus; weder findet sich die Musik zur Kür über Nacht, noch entwickeln sich so besondere stilistische Nuancen. Sie stehen am Ende eines langen Arbeitsprozesses. Meines Arbeitsprozesses.
Ich glaube, es verhält sich in diesem Fall genauso wie in vergleichbaren anderen Fällen. Ein Kapitän muss auch über viel mehr Bescheid wissen als „nur" über seine Kommandobrücke.

Vermutlich würde manches besser laufen, wenn Vertreter der Sportgremien, ganz gleich welcher, öfter den Weg zur Basis fänden, zum Beispiel auch in die Chemnitzer Eissporthalle, um einiges mehr über die gängigen Prozesse zu erfahren. Jenen wenig ersprießlichen Workshop aber regelten die Sportfunktionäre von Deutschland aus. Die erste Nacht verbrachten wir in einem New Yorker Plattenladen, um eine musikalische Basis zu finden, und ich schnitt die Takes zusammen.

Am nächsten Tag standen wir auf dem Eis, erarbeiteten gemeinsam die Choreografie und die Choreografin erhielt ihr Honorar. Doch auch sie konnte natürlich nicht auf Knopfdruck arbeiten, sondern brauchte Zeit, um sich in die Musik einzufühlen und Aljona und Robin kennenzulernen.

Nach etwa zehn Tagen war die Episode beendet. Wir machten uns auf die Heimreise und zu Hause wieder an die Arbeit.

Wettkampfstimmung

Die Abläufe der Wettkämpfe von vor zwanzig, dreißig Jahren ähneln noch immer sehr stark den heutigen. Allerdings trainierten wir damals als DDR-Sportler vor den Ausscheidungen gemeinsam eine Woche irgendwo in Deutschland und fuhren von dort aus direkt zu den Meisterschaften.

Heute finden die Vorbereitungen individuell statt; ein gemeinsames Trainingslager könnte höchstens die Ausnahme sein. Ab dem Moment aber, da man im Flieger sitzt, spult sich eigentlich immer der gleiche Verlauf ab.

Am Flughafen steigen wir in einen Wagen, der uns ins Hotel bringt, und checken schnell ein. Manchmal nächtigen Trainer und Sportler im gleichen Hotel, manchmal nicht. Schöner ist es natürlich, wenn wir im gleichen Haus wohnen, das gibt dieser außergewöhnlichen Zeit in der fremden Stadt, im fremden Land, etwas vom Gefühl der Gemeinsamkeit. Anschließend fahren wir zur Akkreditierung, um uns für die Wettkämpfe anzumelden.

Danach erst beziehen wir unsere Zimmer, legen den Talisman aufs Fensterbrett, stellen vielleicht ein kleines Bild auf, legen ein Buch auf den Nachttisch. Im Zimmer finden sich auch unsere Trainingspläne. Die werden sofort neugierig beäugt. Ganz wichtig ist für alle, in welcher Gruppe sie laufen und mit welchen Paaren zusammen. Jeder Eisläufer, jedes Paar geht zu ganz bestimmten Zeiten aufs Eis, um sich mit der Halle vertraut zu machen und die Beschaffenheit des Eises zu testen. Aus dem Plan geht auch hervor, wann das Training für das Kurzprogramm stattfindet, zu welcher Zeit es heißt, zum Kürtraining aufs Eis zu gehen.

Wann schauen die Preisrichter dem Training zu und wann nicht? Sitzen sie zu dieser Zeit in ihrem täglichen Meeting, können nicht zuschauen und so eventuell im Wettkampf unvoreingenommener entscheiden? Ja, auch solchen allem Anschein nach unbedeutenden Überlegungen hängen wir nach, da sie so unwichtig eben nicht sind.

Dann schauen wir, wann die Auslosung der Reihenfolge stattfindet. Wer zeigt sein Programm als Erster, als Fünfter oder Letzter? Das sind für den Anfang unsere Fixpunkte, die durch die Jahre hinweg gleich geblieben sind.

Verändert hat sich jedoch der Charakter der Auslosung; vor zehn Jahren noch knisterte da Spannung im Raum! Die Läufer trugen Anzüge und die Frauen tolle Kleider. Jeder putzte sich heraus, verlieh der Veranstaltung dadurch etwas Feierliches und Glanzvolles. Es hatte einfach Stil. Ein außergewöhnlicher Moment; so wie kleine Kinder vor dem Christbaum stehen. Jeder fragte sich: Wer würde auf Platz 1 laufen? Wir zogen diesen Platz ab und zu, auch zu Platz 4 hatten wir eine starke Affinität. Dem Aberglauben nach verheißt der erste Starterplatz nichts Gutes, er prophezeit eine schlechtere Bewertung. Nun, wir haben es trotzdem ab und zu geschafft, mit dieser Position brillante Leistungen zu zeigen.

Heute gibt es weder eine Kleiderordnung noch eine gewisse Mannschaftsgeschlossenheit; meiner Meinung nach ist alles etwas beliebiger geworden und hat dem Ritual die Emotionen genommen. Manche Sportler verzichten ganz darauf, dabei zu sein, weil sie am nächsten Morgen eine Trainingseinheit haben, und so verblasst der Glanz. Heute können wir vorab schon ungefähr errechnen, für welchen Zeitpunkt unser Start festgelegt sein wird. Die Weltranglistenpunkte und andere Werte geben dafür den Ausschlag.

Doch damals war das schon eine tolle Sache. Es war auch aufregend, in welcher Gruppe die Läufer starten sollten.

Die Meisterschaften verlaufen eingeteilt in fünf Gruppen. Jeweils vor Beginn einer neuen Startergruppe gehen die Eismeister zu Werke und erneuern die Fläche. Hintere Startplätze versprechen also schwierigeres Eis. Als ich mit Mandy in Lillehammer lief, hatten wir mit sehr schlechtem Eis zu kämpfen und erlagen ihm quasi, als Mandy in einem kleinen Eisloch hängenblieb und stürzte.

Ein extremer Fall, eine Ausnahme. Dennoch hat man im Kopf: „Oh je, ein hinterer Platz! Wir werden schlechtes Eis haben!"

Dann folgt irgendwann der große Moment, in dem der eigene Name aufgerufen wird. Wenn die Eiskunstläufer auf der Fläche stehen und der erste Ton ihres Programms erklingt, verflüchtigen sich alle Befürchtungen ums Eis und es zählt nur noch die Herausforderung des Augenblickes. Jeder muss damit zurechtkommen. Das sind die Dinge, die sich nicht ändern.

Du hast genau sechs Minuten Zeit auf der Eisfläche, bevor dein Auftritt beginnt. Dreihundertsechzig Sekunden Qual! Mir als Trainer fällt es äußerst schwer, diese Zeit zu ertragen. Früher, als Sportler, stand ich da, bis zum Bersten mit Spannung gefüllt – und dann konnte ich loslaufen! Heute stehe ich hinter der Bande und bin machtlos, muss zuschauen. Was mir in diesen Sekunden durch den Kopf schießt, lässt sich nicht in Worte fassen, bewegt sich in keiner normalen Dimension. Es ist Nervenkitzel und Adrenalinschub von unglaublichem Ausmaß. Und trotzdem muss ich meinen Sportlern Ruhe und Festigkeit vermitteln, sie motivieren und Zuversicht ausstrahlen.

Sobald sie auf dem Eis sind, habe ich nur noch eine mentale Verbindung zu ihnen. Aljona und Robin fokussieren sich in diesen Minuten ganz aufeinander und spulen ein hunderte Male trainiertes Programm ab. Sie sind kaum in der Lage, mich wahrzunehmen, und wären auch nicht empfangsbereit für meine Botschaften, wenn ich denn fatalerweise in diesem Augenblick meinte, in ihre Verbundenheit etwas hineintragen zu müssen.

Ich gehöre an die Bande und signalisiere nur mit meiner Anwesenheit, dass ich bei ihnen bin. Meine positiven Energien gehen auf die Reise und halten sie mit im Fluss, begleiten sie bei den schwierigsten Elementen, verschmelzen mit ihrer Kraft. Stünde ich nicht nah an der Bande, in ihrer unmittelbaren Sichtweite, dann wäre die Verbindung gestört und das Team in diesen Minuten zerbrochen.

Dabei absolvieren wir nicht mehr als sechs große und bedeutende Wettkämpfe im Jahr: die Grand-Prix-Serie mit drei Wettkämpfen, die EM, die WM und – gegebenenfalls – die Olympischen Spiele.

Man kann es kaum glauben, dass wir sechs Monate trainieren müssen, ehe Aljona und Robin sich zeigen können. Das gilt natürlich auch für mich, denn ich stelle mich ja als Trainer und

Choreograf der Kritik. Heißt also auch für mich, ein halbes Jahr konzentriert mit meinen Sportlern bei der Sache zu sein. Es frisst monatelang unsere Kraft, ein neues Programm zu erarbeiten, denn jedes einzelne Element will einstudiert und so lange wiederholt werden, bis ihm später, vor Publikum und Kampfrichtern, die richtige Leichtigkeit innewohnt.

Das bedeutet üben, üben, üben – täglich, außer sonntags. Der derartig strapazierte Körper verlangt sein Recht, fordert zwischen den Einheiten und am Abend seine Ruhepausen ein und will gut ernährt sein. Ich habe immer alles gegessen, wonach es mich verlangte. Wird es mal ein Bierchen zu viel, dann sorge ich dafür, dass es wieder abgebaut wird. Mir fällt das nicht schwer und generell stellt das für Eiskunstläufer kein allzu großes Problem dar – bei so viel Bewegung, sechs Tage die Woche, kann man kaum Fett ansetzen.

Bei den Läuferinnen hingegen sieht es schon ein wenig anders aus. Die Frauen müssen vorsichtiger sein und sich Süßigkeiten, Steaks und Schnittchen viel mehr verkneifen als wir Männer. Sie verstecken, um Kati Witt zu zitieren, „die Schokolade unter dem Kopfkissen". Bei uns jungen Eislaufkerlen lag eher mal eine Flasche Schnaps unter dem Kissen – wir hatten schließlich genauso wenig die Veranlagung zum Heiligen wie unsere nicht eislaufenden Geschlechtsgenossen.

Bei der ersten Spartakiade, bei der ich als 14-jähriger Paarläufer dabei war, hatte ich kurz vor dem Wettkampf noch Hunger, und es musste eine Bockwurst dran glauben. Alle schlugen die Hände über dem Kopf zusammen: „Jetzt eine Bockwurst? Was machst du nur?!"

Ich machte nichts anderes, als auf meinen Körper zu hören. Wenn der mir „ich habe Hunger" sagt, dann esse ich etwas. Hungern musste ich nie und es wäre für mich auch undenkbar. So halten es eigentlich die meisten Sportler. Nicole Nönnig hatte sich einmal über mehrere Wochen ausschließlich Gemüse auf den Speiseplan gesetzt, um ein paar Pfunde zu verlieren. In meiner Erinnerung schnippelte sie sich Unmengen Grünzeug in kleine Häppchen und so war sie eine Zeit lang unser „Gemüseklaus" – aber Extremisten finden sich selten. Wichtig ist aber: kaum Alkohol! Rauchen verbietet sich eigentlich per se und für ausreichend Schlaf muss gesorgt sein. Da braucht man gute Freunde, die für all das Verständnis aufbringen und sich auf die Zwänge des Eiskunstläufers einlassen. Selbst festzubleiben, sich immer wieder zu disziplinieren und zu organisieren, das verlangt dem Sportler enorm viel ab. Es birgt Konflikte, auch mit einem Partner, der versteht, dass eine Arbeitsbeziehung wie beispielsweise die unsere intensiv ist und dass wir physisch und psychisch sehr nah beieinander sind. Trotzdem fühlt sich ein geliebter Partner manchmal hinten angestellt.

Manchmal erlaube ich uns nun hin und wieder ein paar freie Tage am Stück, damit Robin und Aljona Luft holen und sich regenerieren können.

Wenn ein Sportler sein höchstes Leistungsniveau erreicht hat, lässt sich das nur schwer über eine lange Zeit halten. Mit der warmen Jahreszeit bricht unsere heißeste, schwierigste Phase an. Von Mai bis Oktober schuften wir wie die Verrückten, um auf das Level zu kommen, mit dem wir uns dann national und international zeigen wollen.

Nie werde ich die Olympischen Winterspiele 2010 in Vancouver vergessen. Aljona und Robin wurden Dritte. Vielleicht erinnert man sich daran, dass mich die Bronze im Paarlauf nicht gerade vor Freude taumeln ließ? Ich will nun erzählen, warum.

Aljona Savchenko und Robin Szolkowy liefen zuvor in jedem Training ihre Kür wie im Schlaf. Es gab nichts, was sie nicht

Foto: David W. Carmichael

beherrschten – die Abfolge, die Sprünge und Würfe, den sinnlichen Ausdruck. Eine ganz normale Trainingskür hätten sie bei Olympia also laufen müssen und dabei alles zeigen können, was sie zu diesem Zeitpunkt beherrschten.

Doch es sollte anders sein – wir haben's versemmelt, statt erhofftem Gold gab es Bronze. Nur Augenblicke später, an völlig unpassender Stelle gleich nach der Kür tauchten Journalisten auf und forderten meine Meinung zur Leistung meiner Sportler ein. Ich sagte emotionsgeladen das, was ich dachte: „Ich bin maßlos enttäuscht, denn so sind sie nicht einmal im Training gelaufen."

Ich hatte erwartet, dass sie sich zu Olympia motivierten und die Messlatte dorthin legten, wo sie auch für mich gelegen hatte. Denn ich wusste, dass Aljona und Robin dazu in der Lage waren, genau wie ich Jahre zuvor. Als ich dann meinte, den Axel, den Robin gesprungen war, den hätte ich auch noch so springen können, wurde das in der Presse natürlich ausgeschlachtet, man konnte gar nicht mehr damit aufhören. Ich hatte Breitseite geboten, und so kamen die Kanonenkugeln geflogen: „Wie kann der seine Sportler so fertigmachen?"

Robin stand neben mir, als er sein Interview gab. Wir tauschten uns anschließend darüber aus und ihm kam die Frage „Wie kannst du so etwas sagen?" gar nicht in den Sinn. Denn so arbeiten wir auch in der Halle zusammen: Wir sagen, was wir denken.

Jeder weiß, wen er vor sich hat, und kennt Emotionen und Verfassung des anderen. Dass ich schrecklich enttäuscht war und die Sportler unglücklich über ihre Fehler, das versteht sich doch von selbst. Jeder, der einigermaßen in Gesichtern lesen kann, erkannte damals gleich nach der Kür, was wir drei fühlten.

Hunderttausende beobachteten mit Argusaugen unsere Reaktionen und nicht wenige nahmen mir mein Statement übel. Toll aber war, dass Thomas Bach zu mir kam, um mich zu trösten und zu beruhigen.

Aljona und Robin waren auch fix und fertig – obwohl Robin relativ entspannt reagierte und sich seine Freude, eine olympische Medaille errungen zu haben, nicht nehmen ließ. Bei Aljona saß das viel, viel tiefer. Alle drei aber entschieden wir sofort: „Wir machen noch einmal vier Jahre!"

Abends saßen wir dann zusammen und haben ordentlich gegessen und getrunken. Naja, eigentlich haben wir gesoffen. Keiner von beiden hat mir meinen ersten Zorn übel genommen. Ich bin schließlich ihr Trainer, sie kennen mich durch und durch. Akribisch analysierten wir alles, wussten, wir hätten es besser machen können – und waren im Reinen miteinander.

Ich habe nach diesem Erlebnis versucht, etwas Druck von uns allen zu nehmen. Noch in Vorbereitung auf die besagten Winterspiele in Vancouver 2010 war ich rigoroser. Jede Minute, die vom Training fehlte, tat mir weh. Daran hat sich kaum etwas geändert, aber es gelingt mir besser, Zugeständnisse zu machen – ein freier Tag ist für einen Sportler ein großes Geschenk.

Manchmal aber kann ich den Druck, dem wir uns aussetzen, kaum ertragen und fühle ihn ganz besonders stark.

Dann ziehe ich mich zurück, geh auf meine Insel aus Stille und Wald, mache mir wieder einmal ein Feuer und sitze mit ein paar Freunden zusammen, die mir einfach nur zuhören. Oder mein Sohn kommt zu mir, wir reden und spielen miteinander und alles fällt von mir ab. So tanke ich Kraft und für ein paar Stunden hat der Eiskunstlauf Funkstille.

Ganz intensiv sind auch meine Erinnerungen an die Weltmeisterschaften in Kanada 2013. Mit dem dreifachen Wurfaxel setzten Aljona und Robin international ein Achtungszeichen für das Jahr 2014! Mit unserer Ausgangsposition war ich eigentlich ganz zufrieden. Gerade noch rechtzeitig wurden wir mit den Vorbereitungen fertig. In Chemnitz liefen sie das Kurzprogramm und die Kür noch einmal fast fehlerfrei, sodass wir damit getrost zur WM fahren konnten. In der Kür rappelte lediglich der Salchow, ansonsten saßen die beiden Programme bei Aljona und Robin ganz gut. Der Abflug nach Kanada verlief reibungslos, aber die Zeitumstellung machte uns zu schaffen. Die Trainingszeiten lagen immer in den Morgenstunden, die Wettkämpfe waren für Mittag angesetzt und begannen schon 11 Uhr. Grund dafür waren Fernsehrechte und Übertragungszeiten. Keiner der Sportler kam damit gut zurecht, aber es musste hingenommen werden.

Nach der Auslosung gerieten wir mit der Nummer 12 in die vorletzte Startgruppe, in die Gesellschaft von Paaren, die kaum eine Aussicht auf vordere Plätze hatten. Das alles bewirkte, dass sich das Gefühl, als Weltmeister angereist zu sein, nicht wirklich einstellen wollte. Seis drum, mal hat man Glück, mal Pech mit den Startnummern. Und irgendwann war die Wettkampfatmosphäre schließlich da.

Wenn der Wettkampf unmittelbar bevorsteht und es ernst wird, dann zieht angespannte Ruhe in die hinteren Räume des Eisstadions ein. Sie sind karg möbliert, beinahe steril. Ganz gleich, ob Sportler oder Trainer, jeder versucht, ganz bei sich zu sein und konzentriert sich auf das, was bevorsteht. Manchmal macht einer ein Späßchen, aber ganz allgemein schaut kaum einer nach rechts oder links.

Meine beiden Sportler gingen nun als Favoriten und Erste ihrer Gruppe mit dem Kurzprogramm an den Start. Kurz vorher gab Robins Reißverschluss seinen Geist auf. Wir klebten ihn in Windeseile zusammen und flehten ihn an, das Einlaufen zu überstehen. Später rückte ihm der Mannschaftsarzt mit Nadel und Faden zu Leibe.

Im Kurzprogramm gaben die Preisrichter trotz kleiner Wackler „Seasons best", gingen hoch rein mit der Punktzahl, sodass Robin meinte, da wäre wohl ein Punkt übrig gewesen, der an die beiden vergeben wurde. Eine wohlwollende Bewertung war es auf jeden Fall, denn Robins Toeloop hatte einen Knick und die Pirouette war eine glatte Katastrophe und nicht im gleichen Rhythmus absolviert. Auf keinen Fall liefen sie das beste Programm, erhielten aber die beste Wertung.

Nach uns liefen die Kanadier mit ihrem dreifachen Lutz, technisch schon anspruchsvoller. Und sie standen ihn auch. Damit lagen sie knapp vor uns. Nun starteten die Russen. Danach waren alle einhellig der Meinung, dass wir das Kurzprogramm hätten gewinnen müssen. Aber das gehört eben auch zum Eiskunstlauf. Die Russen liefen ein gutes Programm, mit ebenfalls kleinen Fehlern, landeten zum Beispiel ihren Wurfsalchow auf zwei Füßen und hatten noch andere Ungereimtheiten, aber ich meine, wir hatten in unserem eigenen Programm auch zu viele Unstimmigkeiten und Tatjana und Maxim sind echte Spitzensportler. Das zählte für mich und ich glaube, deshalb hat es nicht gereicht.

Im weiteren Verlauf lag ein Tag zwischen Kurzprogramm und Kür; recht untypisch für Weltmeisterschaften. In der Regel geht es am nächsten Tag nahtlos weiter mit den Kürprogrammen. Trainingszeiten standen zur Verfügung, allerdings nicht in der Wettkampf-, sondern der Trainingshalle. Doch die Medien bestimmten wieder einmal den Rhythmus der Wettkämpfe. Während des Trainings überlegten wir, ob Aljona den Wurfaxel machen sollte. In der Probe selbst sprang sie ihn nicht. Irgendwie war es für beide sehr schwer, sich zu motivieren. Das ganze Drumherum der Wettkämpfe spielt immer eine große Rolle, hüllt die Teilnehmer entweder ein oder beunruhigt sie. Am Wettkampftag besaßen Aljona und Robin dann den nötigen Kampfgeist. 6 Uhr früh hatten alle Paare noch einmal ihr Wettkampftraining und 11 Uhr ging es los.

Meine Schützlinge liefen als Zweite in der letzten Gruppe; die Kanadier traten zuerst an. Sie liefen eine Traumkür, und das vor heimischem Publikum – es war ein sensationeller, fast fehlerfreier Vortrag. Wohlverdient erhielten sie dafür von den Punktrichtern „Seasons best", über 200 Punkte. Durch die Halle raste der Begeisterungssturm des Publikums. Er brach sich, wie in einer römischen Arena, an den Wänden. Ein Höllenspektakel. Wer danach laufen muss, dem wird es nicht leicht gemacht. Das kanadische Publikum hat international eigentlich einen sehr guten Ruf, denn es gilt als sehr fair; diesmal allerdings zeigte es sich als sehr national eingestellt.

Und dann gingen Aljona und Robin aufs Eis. In den letzten 30 Sekunden der Einlaufzeit überlegte es sich Aljona und probierte den Wurfaxel. Robin trug eine Weste und an dieser rutschte sie ab. Robin zog sie sofort aus, die Einlaufzeit war vorbei. Aljona entschied, den Sprung zu wagen, und ich ermutigte sie. Diese Kür erschien mir als genau der richtige Zeitpunkt, um den dreifachen Wurfaxel zu probieren. Ich wusste aus allen vorangegangenen Trainings, dass sie diese technische Herausforderung absolut sicher meisterte. Die Verletzung aus der Lernphase des Sprungs war längst Geschichte. Nur eine Hemmschwelle musste überschritten werden, damit sie in Sotschi damit ganz souverän umgehen könnte.

Sie starteten hervorragend mit einem Dreifachflip, doch dann begann das Dilemma. Beide verhaspelten sich, Aljona stürzte. Im Kopf ging sie die ganze Zeit den dreifachen Wurfaxel durch, weil wir den Sprung in Chemnitz zwar geprobt, aber nie in einem Programm gezeigt hatten.

Die Kür sah insgesamt ziemlich bemüht aus. Dann kam der Schlussteil und beide liefen zum Wurfaxel an. Als sie bei mir vorbeikamen, rief ich: „Jetzt macht das Ding!"

Hatte ich es laut gesagt oder nur geflüstert? Ohnehin konnte mich keiner von beiden hören, sie waren völlig in ihrem Film, in ihrem Lauf versunken. Ich konnte an ihrer Anspannung sehen, dass sie die derzeit größte technische Schwierigkeit meistern wollten. Sie setzten an, sprangen und der dreifache Wurfaxel gelang. In einem Wettbewerb der weltbesten Eiskunstlaufpaare zeigten sie diesen Teufelssprung! Großartig.

Die Preisrichter hatten gar nicht begriffen, was soeben stattgefunden hatte. Ihnen liegt zu Beginn jeden Wettkampfes ein Blatt mit allen Elementen des jeweiligen Programmes vor. Diesen dreifachen Wurfaxel hatten wir nicht angegeben.

Die drei technischen Spezialisten, die die Kür von einer erhöhten Position aus beobachteten, gaben also per Funk an die Preisrichter durch, was sie soeben gesehen hatten. Sie bewerteten von oben die technische Schwierigkeit und die weiter unten sitzenden Preisrichter bewerteten die Ausführung des Elements. Die komplette Halle, also jeder, der etwas vom Eiskunstlauf verstand, war völlig geschockt. Mehr schlecht als recht war die Kür gelaufen worden, doch der Sprung war grandios; Sportler und Trainer staunten und bewunderten uns. Und mit dem Sprung erhielten wir so viele Punkte, dass wir die Kanadier schlugen, auf den dritten Platz verwiesen und selbst auf den zweiten aufrückten.

Dass das überwiegend kanadische Publikum damit nicht einverstanden war, konnten wir uns schon denken. Nach uns lief das russische Paar eine tolle, rundum perfekte Kür und stand verdientermaßen ganz oben auf dem Podest. Das war für uns völlig in Ordnung, denn mit unserer nicht sonderlich überragenden Kür und dem wunderbaren Abschluss holten wir drei uns die Motivation, die wir auf unserem Weg nach Sotschi brauchten. Wir haben genau das Richtige gemacht. Für uns zählte nur unsere Premiere des dreifachen Wurfaxels. Ich war glücklich und sehr zufrieden mit dem Vizeweltmeister-Titel.

Kampfrichter

Außenstehenden erscheint der Kampfrichter nicht selten ungerecht und manipuliert. Bei den Sportlern hält sich die Verärgerung und Begeisterung über gewisse Entscheidungen der Jury die Waage, denn manchmal erfüllt sich die Erwartung, manchmal nicht. Ich glaube, dass sich unabhängig davon auf lange Sicht Leistung immer durchsetzt. Zu dieser Erkenntnis bin ich im Laufe ungezählter Wettkämpfe im Eiskunstlauf gekommen. Zweifellos gibt es Fehlentscheidungen und Punktvergabe nach Nase und Sympathie, denn in einer Jury sitzen eben auch nur Menschen und die Bewertungen beim Eislaufen werden stets vom persönlichen Empfinden beeinflusst.
Spielt vielleicht auch der finanzielle Hintergrund bei dem einen oder anderen Kampfrichter eine Rolle? Man hofft es nicht.

Letztendlich jedoch möchte ich nicht auf dem Stuhl eines Preisrichters sitzen, denn er dirigiert mit seiner Benotung das Leben von jungen und gestandenen Sportlern in die eine oder andere Richtung. Oft geben dabei nur Nuancen den Ausschlag. Die Anstrengungen eines ganzen Jahres liegen hinter den Eiskunstläufern, leidvolle und entbehrungsreiche Zeiten. All das legen sie in die Waagschale und begeben sich damit in die Hände des Kampfrichters. Sie liefern sich seinem „Hop oder Top" aus. Als neutrale Person an der Bande nahe dem Eis sitzen und bewerten – das wäre mir unmöglich.

Früher gab es einige schillernde Figuren unter den Kampfrichtern; es gab Hardliner und Sanftmütige. Heute sind sie von der Bildfläche verschwunden und in die Anonymität abgerutscht. Alles läuft über ein Bewertungssystem der ISU, der Internationalen Eislaufunion, das recht undurchschaubar, fast möchte ich sagen, „geheimnisvoll" anmutet.

Die Entscheidungen, wer was wie bewertet hat, sind nicht mehr nachvollziehbar. Zudem ist die 6,0 von der Bildfläche verschwunden, jetzt wird alles nach Punkten bewertet.

Woher der Punktwert kommt und wie er sich im Einzelnen zusammensetzt, entzieht sich der Kenntnis des Zuschauers. Da hat einer 200 Punkte, der andere 189 und fertig.

Mit der 6,0 war das anders, diese Zahl umwehte ein Hauch von Ruhm. Damit erklärte ein Mitglied der Jury, dass das, was zu sehen war, für ihn nicht besser zu machen ging. Der Eiskunstläufer wusste, damit hatte er die höchste Wertung erhalten, die überhaupt möglich ist. Wie bereits erwähnt, bekamen Aljona und Robin einmal eine 10,0 als Teilbewertung in der Gesamtbenotung. Die stand für die Choreografie, aber wer genau damit seine Meinung kundgetan hatte, erfuhren wir nicht. Das alles erfährt man erst viel später aus einem Protokoll. Es gibt keine Tafel mehr, auf der die 5,2 oder 5,9 abzulesen ist. Schade, aber nicht zu ändern.

Es wird versucht, nach außen hin ein reales Bild zu zeichnen. Erst kurz vor dem Wettkampf entscheidet das Los, welcher Kampfrichter tatsächlich in der Kommission sitzen wird. Aus einer Reihe von Preisrichtern, die jeweils Einzel- oder Paarlauf bewerten, entsteht die Jury des Tages. Mit einem Computer werden dann die einzelnen Bewertungen der Preisrichter herausgefiltert und selbst ich, der ich schon so lange dabei bin, weiß sehr wenig über die Details.

Die Anonymität hat in der Preisrichtergilde vollends Einzug gehalten. Selbstverständlich soll den Sportlern Fairness angedeihen, denn im Gegensatz zu klar ausmessbaren Zeiten, Höhen oder Weiten wie in der Leichtathletik sind wir beim Eiskunstlauf ganz anders unterwegs. Hier geht es um den persönlichen Eindruck, den ein Einzelläufer oder ein Paar hinterlassen hat.

Natürlich sind auch die einzelnen Elemente im Kurzprogramm oder der Kür entscheidend. Die Jurymitglieder folgen den Vorgaben verschiedener Bewertungskataloge, um so gerecht wie möglich zu bewerten. Der Spielraum bleibt aber trotzdem immer groß. Jeder bewertet anders, es ist ein persönlicher Eindruck und immer zeigen die Läufer, ganz gleich, ob im Einzel- oder Paarlauf, ihre individuelle Note. Gefällt das Kostüm? Beeindruckt die Musik? Mag ich denjenigen oder nicht? Alles spielt eine Rolle bei der Bewertung – wahrhafte Größe besitzt der Kampfrichter, der demjenigen, der ihm weniger sympathisch erscheint, aufgrund seiner Leistung und über seinen persönlichen Eindruck hinweg die beste Note zu geben vermag.

Tja, und dann sitzen die Sportler mit ihrem Trainer in der berühmten Ecke, genannt die Tränenecke, „Kiss and Cry". Du reichst ihnen die Kufenschützer, umarmst sie, klopfst ihnen auf die Schulter und nimmst sie am Kopf. Ihr setzt euch. Eine kleine Decke, damit sie nicht friert. Ein Schluck Wasser für ihn, er schwitzt. Beide sind völlig außer Atem.

Du lächelst, denn es heißt: Haltung! Bloß nicht die Haltung verlieren und zu emotional sein. Du sitzt mit ihnen in der Ecke und ihr wartet auf die Wertung; du blendest alles aus und achtest darauf, nichts Falsches zu tun oder zu sagen.

Ich kann nicht von mir behaupten, dass mir das leicht fällt, aber die ganze Welt, die ganze Eiskunstlaufwelt, schaut zu. Und egal, wie die Wertung ausfällt – diese zwei, drei Minuten werden zur Ewigkeit.

11. Kapitel
Erfolg zwingt zur Verantwortung

Akzeptanz und Anerkennung

Egal, ob in Russland, China, Frankreich, Kroatien, England oder in den USA, viele Menschen sind uns dort sehr zugetan. Das Publikum empfängt uns warm und herzlich; wir verzeichnen eine gute Medienpräsenz. Allerdings erfreut sich Eiskunstlaufen dort auch größeren Interesses. Hier in Deutschland wurden beispielsweise die Kurzprogramme der letzten Europameisterschaft nicht einmal im Sportfernsehen übertragen, es gab kaum Hinweise in den Tageszeitungen oder in den Sportnachrichten.

Viele andere Sportarten haben eben auch eine große Anhängerschar und tragen – das muss man in diesem Zusammenhang erwähnen – ein größeres Werbepotential in sich. Eiskunstlauf ist bei uns noch immer eine Nischen- oder Liebhabersportart. International hingegen finden wir gute Anerkennung. Viele schütteln mit dem Kopf; beispielsweise fragt man sich im russischen Trainerverband, warum man in Deutschland nicht mehr von unserer Sportart zu lesen, zu sehen oder zu hören bekommt. Nun, die Hoffnung bleibt, dass sich die deutschen Medien irgendwann wieder mehr für das Eiskunstlaufen erwärmen können.

Amerika

Wie bereits erwähnt, warten die Hallenmeister der Chemnitzer Eissporthalle jedes Jahr im Juli die Wasserleitungen, Einspritzdüsen und Zuflüsse der Eisfläche. Das ist eine allgemein übliche Praxis in den Eishallen, in diesen Wochen sitzen wir also auf dem Trockenen.

Als im Sommer 2012 die Eisanlagen unserer Halle gewartet und repariert wurden, konnten wir die eisfreie Zeit zum zweiten Mal in Coral Springs in Florida überbrücken. Dort trainierten wir für vier Wochen und alle in der Eishalle waren froh, dass wir wieder da waren, weil sie so unserem Training zuschauen konnten. Das war für Robin und Aljona schön, diese Anerkennung als Sportler – wie ein warmes Bad, denn die Fans in Florida lieben die beiden abgöttisch. Für vier Wochen konnte Aljona die gefeierte Eisprinzessin sein.

Das, was die beiden geleistet haben, erfährt natürlich auch in Deutschland eine gewisse Anerkennung, aber in Amerika spüren beide einen ungeheuren Respekt. Sie haben dort richtige Glücksgefühle und die sind sehr wichtig – sich über lange Zeit zu motivieren, das ist so schwer! Da fährst du einen Weltmeistertitel ein und fragst dich dann: „Ja, und wie jetzt weiter?"

Für Aljona und Robin zählt immer auch, wie die Saison des Jahres verläuft. Da kommt ein Trainingsaufenthalt mit Urlaubscharakter gerade recht. Als Sportler denkst du nicht zwei, drei Jahre voraus, sondern direkt in das kommende Jahr hinein. Und so ist es gut, dass mit dem Florida-Aufenthalt eine feste Größe entstand, die auch ein wenig unsere zweite eisläuferische Heimat geworden ist.

Aljona und Robin liefen dort tagsüber und gelegentlich auch nachts, denn wenn die Halle nicht belegt war, gestattete man uns, nachts weiterzuarbeiten. Zwischen 22 Uhr und 2 Uhr morgens gehörte die Halle dann uns und ein Eisarbeiter zog die Fläche immer wieder spiegelglatt, sodass wir gut arbeiten konnten. Diese ganz besonderen Trainingsstunden zu nachtschlafender Zeit, mit ein paar englischen Sätzen in der Kaffeepause, bleiben immer in meiner Erinnerung. Wir waren ganz und gar nicht nicht in der Fremde, sondern fühlten uns in Amerika sehr wohl. Natürlich ist es nicht vergleichbar mit dem, was wir in Chemnitz haben, aber ein sehr guter Ausgleich. In vielen Städten der Welt haben wir schon arbeiten dürfen, doch im Moment führt Coral Springs die Hitliste an. Ob es so bleibt, weiß ich jetzt nicht zu sagen, aber wir würden gern im nächsten Jahr wieder über den Großen Teich fliegen.

Für mich besteht dort auch die Möglichkeit, als Trainer zu arbeiten und mein Geld zu verdienen. Ein beruhigendes Gefühl, denn was nach 2014 sein wird, kann keiner im Augenblick sagen. Wo werde ich arbeiten, wen trainieren?

In den USA hat Eiskunstlaufen einen immens hohen Stellenwert. In der Halle befinden sich gelegentlich zwanzig, dreißig Läufer auf dem Eis, die für jede Stunde ordentlich Geld berappen müssen. Mit ihnen liefen wir tagsüber gemeinsam und probten zwei, drei Stunden unsere Sprünge und Würfe. So konnte sich vormittags am Strand Urlaubsfeeling einstellen, das war herrlich. Diese Kombination von Urlaub und Arbeit lässt sich für mich schwer überbieten. Am Meer und mit dem Wind ganz leicht und schnell den Kopf frei bekommen und danach halten wieder neue Ideen Einzug in die durchlüfteten Hirnzellen.

Am Ende des Trainingslagers laufen wir dann unsere Dankeschön-Shows für die Hallenbetreiber und natürlich für das Publikum. Was für ein großes Glück, dass wir die Chemnitzer „Trockenzeit" auf diese Art und Weise überbrücken dürfen.

In Deutschland sind wir in den Eisporthallen auch willkommen, aber in Florida feiert das Publikum Aljona und Robin richtiggehend. Nach langen, durchtrainierten Wochen und Monaten ist so etwas zum Motivationtanken gerade richtig – wie Doping ohne Substanzen.

In Deutschland ist es unvorstellbar, dass ein erfolgreicher, im Verein organisierter Sportler täglich aufs Eis ginge und gnadenlos für jede einzelne Stunde bezahlen müsste. In den USA ist das so. Für die Betreuung durch einen Trainer muss selbstverständlich extra bezahlt werden.

In Deutschland ist Eiskunstlauf eine olympische Sportart, wird vom Staat gefördert und so steht im Olympiastützpunkt in Chemnitz die Eisfläche kostenlos zur Verfügung. In Amerika hingegen muss alles, vom ersten Schritt auf dem Eis an, selbst finanziert werden. Aus diesem Grund ist die Erwartungshaltung auch eine ganz andere. So mancher Eiskunstläufer trainiert zur eigenen Freude, weil er es sich leisten kann, und für einen anderen talentierten Nachwuchssportler geht der Spaß ganz schnell in Ernst über, weil er sich jede Stunde vom Munde absparen muss. Wenn er nicht vorwärts kommt, dann haben seine Eltern oder er mitunter vergeblich Haunderttausende von Dollar berappt.

Man sieht diesen Strukturunterschied gut zu den Olympischen Spielen. Einige amerikanische Eiskunstläufer sind schlichtweg glücklich, dabei zu sein. Dann fällt mir immer ein: Finanziert der Staat den Sport, wie in Deutschland, dann muss man alles dafür tun, beste Leistungen abzuliefern. „Nur" dabei sein, das sollte nicht genügen, das war für mich nie genug. Ich musste für alles kämpfen. Und so war und ist mir alles, was ich erringen konnte, sehr wertvoll.

Die Fangemeinde

Ohne unsere Fans – das steht fest – gäbe es uns so nicht. Ihre Energien und ihr Enthusiasmus sind es, die uns tragen. Aus eigener Erfahrung weiß ich, dass man, solange man als Sportler aktiv ist, mit Scheuklappen durch die Welt läuft und sich wenig darum kümmert, was um einen herum geschieht. Mehr Kraft als für das tägliche Training und die nächsten Wettkämpfe lässt sich kaum aufbringen – um das turbulente Drumherum müssen sich andere bemühen.

Zu DDR-Zeiten brauchte es kaum zusätzliche Initiative. Sobald wir bekannt waren, füllten wir die Hallen bis zum Rand, denn Eislaufen hatte ein großes und begeistertes Publikum. Unserem Sport wurde wesentlich mehr Bedeutung beigemessen als heute. Das Fernsehen übertrug die Wettbewerbe und bat uns gern zum Interview. Wir wurden regelrecht als Aushängeschilder des ostdeutschen Sports hofiert und erhielten genau die Anerkennung, die wir brauchten, um neue Ideen zu sammeln und Kraft zu tanken. Auch die aufmerksame und wohlwollende Begleitung durch die Medien machte uns stabil. Sie trug uns durch Täler, in denen nichts mehr ging, wenn wir uns und unseren Sport aufgeben wollten. Heute ist die Nischensportart Eiskunstlauf für die milliardenschwere Werbeindustrie meist uninteressant. Die Namen vieler guter Eiskunstläufer, die ihr Leben lang hart gearbeitet haben und international immer im vorderen Bereich mitliefen, kennt man kaum.

Stand damals ein Schaulaufen auf dem Programm, dann mussten unsere Fans sich sehr zeitig um die Eintrittskarten kümmern. Wir wurden gefeiert wie Rockstars und das war ein verdammt gutes Gefühl. Nie habe ich früher darüber nachgedacht, dass diese wunderbare Kraft, die vom Publikum ausging, nicht selbstverständlich war. Wir alle glaubten, die Magier zu sein,

die die Halle füllten oder das Publikum vor den Fernseher zogen.
In jedem Fall fiel die Auswahl an Freizeitveranstaltungen geringer aus. Fußballspiele und Handballturniere zogen ihr Publikum an; Radsport und Leichtathletik hatten ihre Fans. Aber an American Football war beispielsweise noch nicht zu denken. Volleyball war gerade erst im Aufbruch, Skating und Nordic Walking steckten bei uns noch nicht einmal in den Kinderschuhen.
Das Eiskunstlaufen dagegen besaß das gewisse Etwas; es schillerte und kam aus der großen weiten Welt, die man in Chemnitz und auch anderswo in der DDR damals vergeblich suchte. Als ich mit Mandy lief, als wir erfolgreich waren und den Weltmeistertitel nach Haus brachten, gründeten die Fans den ersten Fanclub für uns beide.
Ohne sie zählten unsere Erfolge nur halb so viel. Alles, was ich mir im Laufe meines Lebens als Eiskunstläufer erarbeitete, registrierten meine Fans. Jeden Schritt nach vorn, jeden weiteren Sprung, den ich beherrschte, honorierten sie. Nach den unzähligen Stunden in der Halle, während derer man nur für sich lief, fanden wir draußen unsere Resonanz. Fremde fieberten mit, als Manuela Landgraf und ich nach Japan fuhren, und jubelten später, als Mandy und ich Weltmeister wurden. Sie trugen sie mit mir vom Eis, nachdem sie so schwer gestürzt war, und lachten und heulten mit uns, als wir bei unserem letzten Wettkampf olympische Bronze erreichten.
Leider begreift man erst im Nachhinein, welche enorme Kraft von den Fans ausgeht. Die Fans sind die Lokomotive, die dich den Berg hochschiebt und der Rettungssanitäter, der dir hilft, wenn du fällst.
Deine wahren Anhänger lieben dich, auch wenn du nicht mehr weiterweißt. Sie verziehen mir, als ich danebenlag und blieben

an meiner Seite, als viele nichts mehr mit mir zu tun haben wollten. Was mich unheimlich freut, ist, dass ich ihnen etwas zurückgeben konnte. Ich glaube, sowohl in meiner aktiven Zeit als Läufer mit meinen Partnerinnen, als auch heute als Trainer konnte und kann ich ihnen freudvolle Momente schenken. Ich denke, mit unseren Bewegungen auf dem Eis erklingen Dinge in den Menschen, für die es keine Worte gibt. Etwas schwingt, das keinen Namen hat. Vielleicht konnten auch wir unsere Fans in mancher schlechten Lebensphase mit unserem Eislaufen etwas aufmuntern.

Ich erinnere mich noch sehr genau daran, wie ich früher als Kind im Fernsehen die Eiskunstlauf-Wettbewerbe sah. Abends, meistens recht spät, saß ich am Rand des braunen Sessels in unserem Wohnzimmer, gespannt wie ein Flitzebogen, und drückte den Läufern die Daumen.

Die Sportler, die ich da im Fernsehen sah, kannte ich von der Straße, die bewunderte ich beim täglichen Training in der Chemnitzer Eissporthalle, sie wohnten in der gleichen Stadt. Ich war Feuer und Flamme und träumte davon, einmal an derselben Stelle zu sein. Viele Weltmeister stammen aus Chemnitz und sie gewannen in den verschiedensten Disziplinen: Schwimmen, Radsport, Leichtathletik, Gewichtheben, Eisschnelllauf und natürlich Eiskunstlauf! Chemnitz ist die heimliche Hauptstadt der Weltmeister; nirgendwo auf der Welt gibt es eine Stadt, aus der so viele Weltmeister stammen und in der so viele Eiskunstlaufweltmeister ihr Handwerk gelernt haben.

Das erklärt möglicherweise, warum sich in der sächsischen Stadt die Fankultur so stark entwickelte. Fast jeder Sport hat hier seinen eigenen Kreis gefunden, der ihn sowohl mental als auch finanziell unterstützt. Chemnitz ist eine der wenigen Städte, in denen so etwas in richtig großem Stil stattfindet. Von klein auf begleiten die Chemnitzer ihre Sportler und der eine oder andere passt später tatsächlich in die großen Fußstapfen der einst angebeteten Idole.

Bis zur Wende trainierten wir hier allerdings ganz anders. Die Eishalle war dicht, alles fand hinter verschlossenen Türen statt. In der Regel gaben die Eltern ihre Kinder an der Tür der Umkleidekabine ab und dann übernahmen die Trainer. Komplett, meine ich. Heute ist die Halle ein öffentliches Gebäude und immer wieder fragen junge und ältere Frauen und Männer, ob sie zuschauen dürfen, und ich sage ihnen, wann es am besten passt. Dann sitzen sie nah an der Bande der Eissporthalle. Das ist ein ganz besonderes Erlebnis, in der kühlen, hell erleuchteten Halle so hautnah mit den Eiskunstläufern zu sein.

Die Fans von damals gleichen den heutigen, viel hat sich da nicht verändert. Sie schenken uns ihren Applaus und wir haben gelernt, ihn zu verstehen. Die Männer und Frauen, die uns seit langer Zeit kennen, wissen genau, was wir machen. Ich glaube, sie haben auch eine Vorstellung von der jeweiligen Form und unserem Trainingsstand. Wenn wir einen Sprung oder ein Element, das wir schon lange beherrschen, nicht ganz glatt übers Eis bringen, dann hören wir, dass sie enttäuscht sind. Da klingt ein „Eigentlich schade!" durch die Zustimmung hindurch. Und wenn sie besonders begeistert sind, hört man das selbstverständlich auch – vor allem, wenn wir nach internationalen Wettbewerben wieder nach Hause kommen. Als zum Beispiel Mandy und ich 1998 aus Nagano zurückkamen, bereitete man uns einen tollen Empfang. Unsere Hausgemeinschaft in der Liebigstraße – Mandy und ich wohnten damals im gleichen Haus – hatte eine riesengroße Bronzemedaille gebastelt, die aus dem Treppenhaus heraushing. Die Treppen bis zu unseren Wohnungstüren waren über und über mit Rosen bedeckt. Das war ein sehr herzliches Nachhausekommen für uns.

Heute geben eine Menge Leute ihr Geld dafür aus, um bei Leistungsvergleichen im In- und Ausland dabei zu sein. Sie setzen ihre sauer verdienten Ersparnisse dafür ein, um dorthin zu reisen, wo wir unsere Kür laufen. Sie fragen bei unserem Fanclub nach, bei welchen Ausscheiden wir dabei sein werden, reisen privat dorthin und unterstützen uns vor Ort. Manchmal haut mich das richtig um. Da hat sich im Gegensatz zu früher einiges verändert.

In regelmäßigen Abständen laden wir mit unserem Unternehmen „Pixeleis" zu Fantreffen ein. Unsere Sponsoren gehören natürlich dazu und dann sitzen Aljona und Robin mit ihnen zusammen und erzählen, meist vom letzten Wettkampf – wie sich das Eis angefühlt hat, an welchen Stellen sie Furcht hatten ... Oder sie reichen ihre Medaillen herum und lassen sich ausfragen nach diesem und jenem. Manchmal werden sie auch für Frisur und paillettenbestickte Kostüme bewundert. Ein wenig Bewunderung geht in jedem Fall in Ordnung, nur nicht zu viel!

Auch dafür liebe ich diese Treffen. Wir sind immer in guter Verbindung mit Menschen, die Tag für Tag ihren Jobs nachgehen und die uns trotzdem stets Raum und Zeit in ihrem Leben einräumen. Ich möchte diese Begegnungen nicht missen. Früher konnte ich nicht ermessen, wie sehr diese treuen Anhänger zu uns gehören und auch Aljona und Robin können wohl die Dimension dessen erst in ein paar Jahren ganz erfassen.

Ein langjähriger und sehr treuer Fan von mir lebt in Japan. Sie heißt Chikoko und gehört seit den Juniorenweltmeisterschaften im Dezember 1984 in Japan zu meinem Sportlerleben dazu. Chikoko hat alles Mögliche auf sich genommen, um mich und meine Partnerinnen – später auch meine Sportler – auf der Reise durch die Jahre zu begleiten. Viel weiß ich nicht von ihr, aber wir und das Eiskunstlaufen sind ihr ganz großes Hobby. Sie schoss ein paar tolle Fotos von mir.

Fans haben wir auf allen Kontinenten. Dort ein paar mehr, da ein paar weniger. Sicher ist, sie leben auf der ganzen Welt und dafür sind wir sehr dankbar.

12. Kapitel
Jeder von uns hat 24 Stunden am Tag – Wichtig ist, was man daraus macht

Entspannung und andere Leidenschaften

Ich sitze gern am Feuer. Schon als ich noch ein junger Mann war, zog ich mich am Abend eines anstrengenden Tages gern in einen kleinen Garten zurück. Es musste damals unbedingt ein Stück grünes Land sein, ein paar Bäume, einige Sträucher und etwas Wiese, auf der man barfuß laufen konnte. Für reichlich Holzvorrat war immer gesorgt. Wenn ich unterwegs war, bestellten meine stets hilfsbereiten Eltern die kleine Oase. So fand ich auf der grünen Insel immer Zeit, um einfach mal *zu sein*. Auf dem kleinen Pachtland saß ich oft lange nur da und schaute in die Flammen. So lange, bis ich wieder einen klaren Kopf hatte. Ich brauche meine Ruhe und finde auf Partys keine Zerstreuung. Jetzt nicht, da ich straff auf die Fünfzig zugehe, und vor zehn, zwanzig Jahren sah es auch nicht anders aus. Heute bringt mir das Feuer im Garten an meinem Haus Frieden. Im Mittelpunkt zu stehen, das liegt mir ohnehin nicht. Ich habe eine Scheu davor und bleibe in meiner freien Zeit gern allein. Unter dem Gesichtspunkt, dass ich viel reise und damit ein sehr bewegtes Leben führe, lässt sich die Sehnsucht nach Ruhe bestimmt nachvollziehen. Ich lebe etwas abseits mit viel Natur um mich herum, höre gern dem Wind zu und den Vögeln. Ab und an besucht mich ein kleiner Waldbewohner; hin und wieder kommen Freunde – so ist es gut.

Foto: Privat

Man muss bereit sein, weit zu gehen

Denn wer das Letzte nicht gibt, ist das Erste nicht wert. Das assoziiere ich zu meiner bisherigen Arbeit in allen vergangenen Jahren. Manchmal frisst mich der Ehrgeiz auch auf. Was soll ich machen? Ich will generell alles von einem Sportler, mit dem ich arbeite. Nicht nur ein bisschen, nicht ziemlich viel, sondern alles. Bekomme ich sein ganzes Herzblut nicht, trennen wir uns sehr schnell wieder.

„Ganz oder gar nicht", so lautet meine Lebenseinstellung. Daran hat sich nichts geändert. Wie auch an dem Umstand, dass ich mich einer Sache umso mehr verschreibe, je weniger sie mir zugetraut wird. Dann mobilisiere ich alles, was ich in mir finde – die Herausforderung bleibt mein größter Ansporn.

Es ist immer noch so, dass ich nicht unbedingt gemocht werden muss; wer mich kennt, kommt mir nah und umgekehrt.

„Du gehst mit der Axt in den Wald und erst, wenn kein Baum mehr steht, kommst du wieder heraus", sagte mein Bruder einmal zu mir. Es wurde besser, jedes Jahr ein bisschen mehr. Ein Geschenk des Älterwerdens. Wenn ich manchmal darüber nachdenke, was in den vergangenen Jahren geschehen ist, wird mir ganz schwummrig. Es ist so viel passiert, dass es für zwei Leben reichen würde. Ich konnte in den zwei vergangenen Jahrzehnten den Eiskunstlauf ein Stück mit auf den Weg bringen. Mandy und ich stifteten zwischen 1993 und 1998 zusammen viel Unruhe und brachten Bewegung ins Eiskunstlaufen, erfanden jedes Mal neue Dinge. Später, ab 2003, habe ich mit Aljona und Robin das weitergeführt, was ich damals begann; nicht alles ist mir in den 90er Jahren so gelungen, wie ich es vorgehabt hatte.

Heute habe ich mit Aljona und Robin zwei Spitzensportler, die in der Lage sind, beinahe jede meiner Ideen umzusetzen. Und so trägt der Eiskunstlauf der vergangenen Jahre auch meine Handschrift. Ich hatte das Glück, sehr zeitig auf Menschen, auf Trainer und Choreografen zu treffen, deren Ideen und Energien mir halfen, meinen eigenen Stil zu entwickeln. Freunde, die mir immer wieder sagten: „Das machst du gut, du schaffst das!" Menschen, die mir aus den Seilen halfen, wenn ich in ihnen hing, und die mich bestärkten, in meiner Art zu arbeiten und Choreografien zu schreiben.

Ich glaube, dass meine Emotionalität in dieser Hinsicht immer förderlich war. Diese absolute Hingabe an den Sport. Ganz sicher setzten wir auch Trends, an denen sich viele orientierten, die versuchten, unserer Richtung zu folgen.

Lange Zeit lagen in unserem Sport die russischen Läufer an der Spitze und alles strebte ihnen nach. Sie sind gut, die russischen Läufer, man sieht es an Tatjana Wolososchar und Maxim

Trankow. Nur knapp verfehlten sie in der Vergangenheit einige Titel und standen bei den Weltmeisterschaften 2013 mit ihrer hohen technischen Brillanz und ihrer fast fehlerfreien Kür völlig zu Recht ganz oben auf dem Podest. Meine Sportler Aljona und Robin gehören aber national und international mit zu den Eiskunstläufern, an denen sich ausgerichtet wird. Und andere Paare, ganz gleich, ob russische, chinesische oder US-amerikanische, schauen auf uns und unsere Art, auf dem Eis zu laufen.

Und während ich jetzt darüber nachdenke, macht mich das für einen kurzen Augenblick sehr stolz, nur für einen Moment. Dann wird mir wieder bewusst: „Sei dankbar und arbeite weiter!"
Ein Titelgewinn, ein Erfolg ist heiß ersehnt, bis zu dem Moment, da er errungen wird. Doch dann voran zum nächsten Ziel. In den Zeitungen kann ich oft lesen: „Ihr feiert nie danach!" Es stimmt, wir sind wie ein ICE, der keinen Bahnhof findet und durchfährt, hin zu unserem großen Ziel. Soweit zur einen Seite der Medaille.

Natürlich könnte alles auch ein wenig anders verlaufen. Dieses einsame Feiern – eigentlich eher ein kurzes Innehalten – ist auch der Situation geschuldet, dass wir allein kämpfen. Meine Achtung gilt Aljona und Robin, die es durch meine Geschichte oft nicht einfach haben. Beide waren 2006 gerade erst 20 und 24 Jahre alt. Sie wären sicher gern mehr in der Gemeinschaft der Eiskunstläufer und des gesamten Verbandes. Eine junge Frau und ein junger Mann, die sich durch die Geschichte ihres Trainers ohne den Verband im Hintergrund durchschlagen müssen, das macht mich manchmal traurig.

In der Quintessenz ist es immer nur unser Dreierteam. Wenn wir dann gewinnen, fliegt natürlich der Sektkorken durch die Gegend und wir freuen uns, sind stolz auf uns und unsere Arbeit. Wir wissen in dem Moment ganz genau, was wir geleistet haben und danken uns gegenseitig. Dann hat sich das Feiern

aber auch relativ schnell erledigt. Wir sind eben mit der weitverzweigten Eisläufergilde nicht wirklich verwoben.
Früher feierten wir im großen Rahmen, dem Ereignis angemessen – einfach klasse. Aber das war vor meiner ganz privaten und damit auch unserer gemeinsamen Zeitenwende. Heute sind wir in der großen Runde eher selten dabei. Manchmal ergibt sich die Gelegenheit, den Sieg gemeinsam mit unseren Fans zu feiern. Dann regt sich hin und wieder der Partylöwe in Robin und auch Aljona ist glücklich im Kreis ihrer Bewunderer und treuen Begleiter.

Zuweilen habe ich den Eindruck, dass andere meine Arbeit viel höher einschätzen als ich selbst. Menschen, die zu mir kommen, zollen mir oft großen Respekt. Für mich bleibt alles meine ganz normale Arbeit als Trainer – wie eben für jeden anderen Mensch, der seine Arbeit gut machen will. Ich gehe ins Stadion und aufs Eis, wie andere in ihre Firma, und erledige dort zu 100 Prozent meinen Job. Ich glaube, manche bewerten das über, weil ich mit dem Ergebnis meiner Arbeit einfach viel stärker in der Öffentlichkeit präsent bin.

Manche haben Respekt davor, dass ich hiergeblieben bin und mich seit Jahren der Diskussion um meine Person stelle. Allerdings konnte ich nicht wirklich wählen, denn hier bin ich zu Hause, hier will ich meine Spuren hinterlassen.

Überall, im Supermarkt, auf dem Flughafen, im Restaurant oder beim Zoll, begegnet man uns freundlich und fragt, wie wir im Training stehen oder ob es uns gut geht und wünschen uns viel Erfolg. Ich glaube, wir gehören durchaus für viele fest zur deutschen Sportlandschaft dazu; Männer und Frauen, Kinder und Jugendliche nehmen Anteil. Das ist Balsam für die Seele und motiviert uns unglaublich.

Genau genommen begann das heutige Ausmaß der Aufmerksamkeit erst, als zwei Wochen vor den Olympischen Winterspielen 2006 in Turin meine IM-Tätigkeit in die Schlagzeilen kam; diese regelrechte Medienschlacht zog ein großes, bisweilen ambivalentes Interesse für uns nach sich. Zum einen erschütterten die Meldungen mein Leben komplett und stellten alles infrage – wer ich war und bin, was ich tat und tue. Andererseits wandelte sich das in eine Menge positiver Energie und viel Fürsprache. Zudem stimmte es mich nachdenklich, denn bis zu diesem Zeitpunkt hatten wir zwar auch Feedback, so stark wie nach 2006 war es jedoch nie. Als Weltmeister kannte man mich natürlich, aber richtig in den Fokus, mit meinen Stärken und Schwächen, vor allem aber mit meinen Erfolgen, geriet ich erst seitdem. Ich hoffe, dass irgendwann unsere Leistung stärker in den Vordergrund rückt und meine Person wieder nuancenreicher wahrgenommen werden kann.

Auch Aljona und Robin, die weltweit zur absoluten Spitze im Eiskunstlauf gehören, haben im Zenit ihrer Körperbeherrschung und ihrer Kunst zu Hause kaum die Bewunderung, die ihnen anderswo entgegengebracht wurde und wird. So gut wie jetzt werden meine beiden sagenhaften Läufer wohl kaum wieder auf dem Eis unterwegs sein, deshalb bedauere ich das umso mehr. Ich bin mir sicher, dass man sie nach ihrer gemeinsamen Zeit noch einmal ganz anders bewerten und wertschätzen wird. Wie war das doch gleich mit der Zeit? Man lebt vorwärts und versteht rückwärts?

In erster Linie ging es Aljona Savchenko und Robin Szolkowy um den Beifall für ihre Leistung und nicht um finanziellen Zugewinn. Beide sind in der glücklichen Lage, künftig mit dem Eiskunstlauf ihre Brötchen verdienen zu können. Aber ich wünsche mir, sie könnten jetzt so leuchten, wie es ihnen zusteht für den Augenblick, der ihnen beiden noch auf dem internationalen Wettkampfparkett beschieden sein wird. Um Geld geht es hier nur in zweiter Linie.

Ohne Moos nichts los

Das Geld nimmt dem Sport ohnehin den Zauber und die Leidenschaft. Da, wo einmal Enthusiasmus zu Hause war, tauchen Bestechung und Betrug auf. Immer dreht sich alles nur um den schnöden Mammon. Wenige von uns, das habe ich auf meinen Reisen sehen können, müssen sich ihrer Lebenssituation wegen beklagen – wie viele aber wollen anderswo einfach überleben. Oft steckten wir Spitzensportler mittendrin in diesem Widerspruch. Zum einen die schillernde Welt der Läuferinnen und Läufer auf speziell präparierter Eisfläche an extravaganten Orten. Auf der anderen Seite Menschen, die nichts besitzen, geschweige denn sich Eintrittskarten für eine Eislaufshow oder gar ein Olympiaticket leisten können. Da müsste sich vieles ändern. Vielleicht wäre das sogar möglich, wenn sich die Politiker, die uns regieren, auch mehr in den Bereichen umschauen würden, die sich fern ihrer Lebenswelten befinden. Ein Wissenschaftsminister sollte an Universitäten und Hochschulen ebenso zugange sein wie in den Lehrerkollegien der Haupt- und Realschulen.

Allein Bildung schafft den Zugang zu allen Möglichkeiten. Doch da gelebte Chancengleichheit immer stärker ins Hintertreffen gelangt, „bleibt vielen viel versagt", um es einmal mit Holger Bieges Worten zu sagen. Die Sportverbände müssten sich noch stärker an den Bedürfnissen und Problemen der regionalen Verbände und deren Sportler orientieren.

In Chemnitz hat der Eiskunstlauf eine lange Traidition. Deshalb baue ich hier unter anderem mit Pixeleis etwas auf, was Bestand haben soll und aus dem andere schöpfen können.
Alles, was mit dem Eiskunstlauf in meinem Leben geschah, nahm hier seinen Anfang, an meinem ersten Tag auf dem Eis,

in eben dieser Chemnitzer Eissporthalle. Es ist mir ein inneres Bedürfnis, dafür zu sorgen, dass der Eiskunstlauf weiter blühen kann. Wenn die großartige Zeit mit Aljona und Robin als Paar auf dem Eis vorbei sein wird, soll hier nicht das Licht ausgemacht werden. Mich treibt viel mehr an als olympisches Gold. In ferner Zukunft werde auch ich hier die Tür hinter mir zumachen müssen. Für diesen Fall wünsche ich mir, dass in Chemnitz weiterhin Sportler trainieren und Erfolg haben. Andere Paare oder Einzelläufer sollen über sich hinauswachsen können. Von Chemnitz aus die Welt erobern, wie Mandy und ich, wie Aljona und Robin. Ich wünsche mir, dass sie einmal stolz darauf sein können, dass ihr Weg zum großen Erfolg hier, rund drei Kilometer von der Autobahnabfahrt der A 4 entfernt, begann. Hier, von wo aus Katarina Witt ihren Weg aufs internationale Eis fand, wo Trainerinnen wie Jutta Müller und Monika Scheibe ihre Schützlinge prägten. Chemnitz soll eine lebendige Trainingsstätte bleiben. Ein Ort mit Geschichte, der Zukunft hat.

Heimatverbundenheit

Ich glaube an Traditionen. Für die gesamte Menschheit halte ich es für wichtig, dass Traditionen weitergeführt werden an den Orten, wo sie ihren Ursprung haben. Was bliebe von uns, wenn jeder seinen Platz verließe?
Was wird aus den Lebensgeschichten derer, die fortziehen mussten, weil kein Bäcker mehr seine Käufer findet und kein Lehrer mehr seine Schüler? Bleibt nicht das ganze Leben lang eine Sehnsucht nach dem Zuhause?

Ich könnte überall hingehen und auf der ganzen Welt arbeiten, mancherorts könnte ich sogar richtig viel Geld verdienen. Aber meine Heimat ist hier in Sachsen.

Wie muss sich aber ein Familienvater fühlen, der nach Düsseldorf fahren muss, um sein Geld zu verdienen? Dessen Frau und Kinder gezwungen sind, viel zu oft allein über die Runden zu kommen? Das weckt in mir ein großes Mitgefühl, denn ich kann mir nicht vorstellen, dass es den Mann nicht zerreißt, einerseits in seiner Verantwortung als Verdiener zu stehen und andererseits als Familienvater und Ehemann dafür Federn lassen zu müssen.

Ich bin froh, hier als Trainer arbeiten zu können. Beinahe täglich begegne ich Monika Scheibe auf dem Eis. Ich bin mir sicher, sieht sie mich mit Aljona und Robin arbeiten, denkt sie manchmal: „Sieh an, jetzt muss der sture, wilde Kerl von einst geduldig sein können!"

Manchmal sprechen wir beide miteinander über früher. Wie unser Training ablief und von dem Unsinn, den Mandy und ich verzapft haben. Dass diese Querelen dazugehörten, weil sie entwicklungsbedingt und der Intimität der Zusammenarbeit geschuldet nur dort geschehen konnten, wo man sich am nächsten war: auf dem Eis.

Wir sprechen auch davon, wie schwierig das Sportlercoaching ist. Sie hielt Mandy und mich damals zusammen. In unseren schwierigsten gemeinsamen Zeiten erinnerte sie uns wieder und wieder an unser Können und appellierte an unseren Sportsgeist. Vor diesem Hintergrund meinte sie einmal, sie mache zehn Kreuze, wenn sie uns beide bis zu Olympia geführt hätte.

Ich kann sie gut verstehen; manchmal sehe ich Aljona wie einen Spiegel meiner selbst, erkenne mich wieder in meiner früheren Ungeduld. Grenzgängerisch in den Forderungen an mich und die anderen. Vorpreschend und um Verzeihung bittend, zurückkeh-

rend. Provokant allein durch die Haltung „Mein Wille geschehe!".
Ich frage mich, wieso die Trainer, die damals mit mir arbeiteten, an ihrem Job nicht völlig verzweifelten. Sicher aus dem Grund, dass es neben mir auch leichter führbare Schützlinge gab.
Heute sehe ich auch, wie problematisch das Leben für einen Trainer werden kann – wie viel ein Coach zählt, wenn er Erfolge einfährt und wie wenig, wenn seine Sportler verlieren. Es ist wie beim Wellenreiten. Zahlreiche Fälle aus dem Fußball belegen das sehr eindrücklich. Gewinnen die Jungs den Pokal, wird der Coach auf Händen getragen. Verliert seine Truppe oder droht gar der Abstieg, denkt man hinter vorgehaltener Hand darüber nach, ob der Trainer noch tragbar sei. Im Fußball ist es wie im Eiskunstlauf, nur dass es im Eiskunstlauf schwieriger ist, die Mannschaft zu wechseln.
Letztendlich beißen den Trainer immer die Hunde. So schön diese Aufgabe auch ist, so schwer und kräftezehrend ist sie ebenfalls. Ein verdammt harter Job. Auch bei mir schlagen die Jahre allmählich zu Buche und manchmal macht mich der Trainings-alltag sehr müde.
Seit 2003 trainiere ich Aljona und Robin nun in dieser Konstellation. In den letzten Monaten, während derer wir hartnäckig arbeiteten und stritten, hatte ich manchmal große Sehnsucht danach, einfach tief durchzuatmen. Aljona und Robin fühlen sicher ganz genauso.
Es wird Zeit für uns drei, neue Wege zu gehen, denn diese andauernde Intensität ist schwierig für Kopf, Körper und Seele. Man fühlt sich leer und ausgepowert. Wenn wir im Februar 2014 gemeinsam nach Sotschi gefahren sind und die Dinge so oder so gelaufen sein werden, dann haben wir mehr als zehn Jahre unseres Lebens zusammen verbracht. Wir werden auf viele Erfolge und auf die eine oder andere Niederlage zurückblicken und uns neuen Richtungen zuwenden können.

Alles mit 150 Prozent

Mein Ziel war nie, mit meiner Arbeit im Mittelpunkt zu stehen. Schön wenn es am Ende so ausgeht, aber in meinem Fokus stand das nie. Wir fahren auch nicht zum Wettkampf, um 20.000 Euro Preisgeld abräumen zu können. Ich will, dass meine Sportler die bestmögliche Leistung zeigen, darum geht es mir in erster Linie. Nehmen wir das Geld dann mit nach Hause, ist das natürlich toll. Das Gleiche gilt für meine Arbeit. Ich will eben das Beste geben. Genauso war es, als ich noch aktiv gelaufen bin. Vor fast 20 Jahren, 1996, trainierte ich im Team zusammen mit Rico Rex. Er lief mit seiner Partnerin auch bei den Weltmeisterschaften in Lausanne mit. Beide belegten den 13. Platz. In diesen Jahren hatten wir als Mannschaftskollegen miteinander zu tun. Etwas später wurde er mein Sportler und ich sein Trainer. Ich erinnere mich noch an die ersten Interviews, die er gab. Befragt danach, wie er das Verhältnis zu mir beschreiben würde, sprach er von einer sehr freundschaftlichen, fast kumpelhaften Beziehung.

Dann änderte sich vieles, ich sollte ihn ja trainieren und hatte mir Pläne gemacht und Ziele gesetzt. Ich wollte und musste Leistung sehen. Es fiel ihm sehr schwer, diesen Wandel unserer Beziehung mitzutragen. Der Kerl, mit dem er früher manche Nacht zum Tage machte, wollte ihm plötzlich etwas zu sagen haben. Schnell stand fest, dass wir uns noch einmal neu kennenlernen mussten.

In dieser Hinsicht lernte man mich wirklich kennen. Spätestens, wenn ich etwas verlangte, stand jeder Sportler vor der Entscheidung: „Gehe ich mit ihm oder lass ich's lieber bleiben?"
Ich ging mit Rico um wie mit Mandy und später mit Robin und Aljona. Was immer ich von mir verlangte, wollte ich auch von meinen Sportlern haben – alles oder nichts.

Im großen Spiel der Möglichkeiten war das Beste nicht immer drin, aber ich wollte es jederzeit und immer will ich als Trainer gern mehr zeigen als das, was meine Eisläufer und ich im Vorjahr schon konnten.

2012 zum Beispiel haben wir nicht geschuftet bis zum Umfallen, weil ich im Januar 2013 in Zagreb mit Aljona und Robin wieder Europameister werden wollte, sondern weil wir gerade in den letzten Wochen alles in die Waagschale werfen mussten, was wir hatten. Aljona konnte wegen einer hartnäckigen Erkältung und einer Entzündung der Nasennebenhöhlen fast zwei Monate nicht trainieren. Aber wir wollten trotzdem ganz vorn mitspielen.

„Zeigt, was ihr könnt", sagte ich zu ihnen, als sie mit dem Kurzprogramm aufliefen. Wir kamen witterungsbedingt einen Tag verspätet in Zagreb an und konnten uns so

Foto: Hella Höppner, www.eislauffotos.de

nicht mehr mit der Eishalle vertraut machen. Dadurch fehlte die Orientierung – das Eis trägt immer die Zeichen und Markierungen der vorher betriebenen Sportart. Die Läufer orientieren sich an ihnen, bestimmen so Absprungpunkte und schätzen die Distanz zur Bande ein. Manchmal hilft eine farbige Markierung in der Halle, ein Pfosten, ein Netz am Rand, irgendetwas. Doch nun hieß es also, ohne vorherige Tuchfühlung zu starten. Ohne das Vertrauen in sich selbst gelingt kein großer Wurf, im wörtlichen wie übertragenen Sinne. Nie weiß man, womit die Paare der Konkurrenz auflaufen. Ist etwas Außergewöhnliches in ihrem Programm dabei? Haben sie eine Überraschung vorbereitet, die die Kampfrichter ganz besonders anspricht? So etwas lässt sich nie vorhersehen und ein Sportler ist immer gut damit beraten, auf sich selbst und auf sein Können zu vertrauen. Außerdem beeinflusst die Tagesform die Darbietung.

So wurden Aljona und Robin im März 2013 Vizeweltmeister – unter den Bedingungen ihrer Vorbereitung eine tolle Leistung!

Die Saison 2012/13 war leider auch stark von Verletzungen und Krankheiten geprägt, und so kam es mir bei den Europameisterschaften vor allem darauf an, dass sich Aljona und Robin ihren stärksten Konkurrenten – Wolososchar und Trankow – stellten.

Es wird bei Olympia knapp zugehen, denn schon jetzt vermuten Eiskunstlauf-Experten, dass der Kampf um Gold zwischen diesem Paar und Aljona und Robin ausgetragen wird. Glücklicherweise zeichnen sich meine beiden durch eine enorme Nervenstärke aus. In den brisantesten Situationen gelingt es ihnen, alles Belastende auszuschalten. Sie sind absolute Wettkampftypen und können beide unter enormen Druck ihre Maximalleistung abrufen. Es ist ein Glücksfall, wenn Sportler unter Druck noch einmal Adrenalin ausschütten können!

Ich war in Zagreb trotz der Fehler stolz auf sie, denn sie haben gekämpft und ich glaube, die Nähe zum Rivalen bringt ihnen, wie vielen starken Sportlern, noch einen zusätzlichen Leistungsschub. Beide können beispielsweise im Schlusspunkt ihres Programmes das schwierigste Element der ganzen Kür meistern. Sie haben Nerven aus Stahl und behalten diese bis zum Schluss – oder laufen nach einem Sturz die Kür trotzdem brillant zu Ende, um dann eben doch noch die Jury zu überzeugen.

Ich bin sehr dankbar dafür, dass sie diese große Nervenstärke besitzen.

Wichtige Erfolge und Niederlagen

Der erste große Erfolg, an den ich mich bewusst erinnere, ist der Titelgewinn in Sapporo gewesen, als Manuela Landgraf und ich Juniorenweltmeister wurden. Dieser Sieg liegt nun schon dreißig Jahre zurück und ließ mich erahnen, was alles noch möglich sein könnte.

Den zweiten großen Erfolg hatte ich mit Mandy Wötzel im Dezember 1996, beim Grand-Prix-Finale in Kanada. In dieser Endrunde des Grand Prix liefen die vier weltbesten Eiskunstlaufpaare gegeneinander. Alle ohne Fehler – und wir haben gewonnen. Da weißt du: Du bist der Beste. Alles hatte gepasst, größer ging es kaum. Für mich war das ein richtiger Triumph.

Das Lampenfieber vor dem Grand Prix suchte allerdings auch seinesgleichen. Ich kann mich noch gut daran erinnern, wir liefen alle das Kurzprogramm fehlerfrei. Dann blieb bis zu unserer Kür noch eine Stunde. Man glaubt nicht, dass man diese sechzig Minuten überlebt, kann nichts machen. Wünscht sich die unsinnigsten Sachen, dass die Kür abgesagt wird oder dass eine immense Erderwärmung das Eis plötzlich in Wasser verwandelt. Alles ist so surreal. Mit jedem Bettler, der irgendwo da draußen auf der Straße sitzt und die Hand aufhält, will man tauschen.

Und auf einmal hörst du deinen Namen, läufst aufs Eis und machst dein Ding. Aber was in der Zeit bis dahin mit deinem Körper geschieht, das ist unbeschreiblich. Lampenfieber? Ich denke, es ist mehr als das. Es kommt einer Lähmung gleich. Du willst eigentlich nur weg, willst dich dem auf keinen Fall stellen, dabei hast du ja aber nur für diesen Augenblick trainiert. Es gilt nichts weiter zu tun, als eine Kür zu laufen. Das ist nicht schlimm, tut auch nicht weh. Wenn man fällt, dann nimmt das

Publikum das auch nicht krumm. Nur dieses äußerst merkwürdige, überaus sture Hirn macht mit dir, was es will. Dieser Riesenspannung bedarf es eben, um loslegen zu können. Entrückt, weltfern und doch ganz und gar bei sich.

Niederlagen liegen mir schwer im Magen; damals verursachten sie mir echten seelischen Schmerz. Gesund war das nicht, aber kaum zu ändern. Ich erinnere mich an die Weltmeisterschaften 1996. Oh, ich wollte so sehr den Weltmeistertitel. Nicht Bronze sollte es werden, kein Vize-Weltmeister sein, sondern Gold wollte ich holen, endlich Gold. Mandy und ich liefen als Paar perfekt, wir mussten nichts befürchten. Ach, rückblickend bekomme ich richtiggehend Verspannungen von all den ehrgeizigen Zielen. Wir kamen als die klaren Favoriten, hervorragende Programme im Gepäck. Und scheiterten daran, dass wir einen Wurf nicht gestanden hatten.

Für mein Gefühl waren wir nach zahlreichen zweiten und dritten Plätzen endlich einmal reif für einen Titel. Als die ewigen Zweiten konnten wir uns dreimal Vizeweltmeister nennen, aus unterschiedlichsten Gründen.

Zum einen trugen Schiedsrichterentscheidungen dazu bei. Heute weiß ich, sie sind immer menschliche Entscheidungen, also haben sie ihre Berechtigung. Zum anderen schlugen Krankheiten zu Buche oder wir liefen fehlerhafte Elemente. Nun galt es, den Sieg einzufahren! Wegen eines nicht gestandenen Wurfes hatten wir „verloren" und wurden Zweite. Ach, so viel erhofft und wieder so enttäuscht! Während ich darüber nachdenke, wird mir natürlich klar, wie das für Außenstehende sein mag. Vizeweltmeister – und ich rede von „verloren"! Eine Silbermedaille machte mich unglücklich; nun, ich habe es mir nicht ausgesucht, dieses ewige Streben nach der Perfektion und den besten Leistungen, das ist schlicht und ergreifend

mein Strickmuster. Vielleicht hat es sich ja mich ausgesucht? Hier grüßt die Schattenseite meiner Veranlagung. Zweitbestes Eiskunstläuferpaar auf der ganzen Welt! Sollte sich da nicht Zufriedenheit einstellen? Diese Sucht nach dem fehlerlosen, perfekten Lauf lässt sich einfach nicht vermitteln. Du gehst in die Ecke und musst damit fertig werden. Wolltest doch ganz oben stehen und dann wurde es ein Platz darunter. Ja, das fällt schwer.
Du brauchst einen ganzen Tag, um damit fertigzuwerden. Am nächsten Tag gehst du im Hotel zum Frühstück und denkst, jeder schaut dich schräg an, weil du gestern den Wurf nicht gebacken bekommen hast. Weil du nicht gewonnen hast. Und du hast diesem unsinnigen Gefühl nichts Vernünftiges entgegenzusetzen.
Ich war so traurig und niedergeschlagen, dass ich gedacht habe, die lachen mich jetzt für meine Niederlage aus. In diesem Spannungsbogen von Erwartung, Druck und Enttäuschung entstehen unglaubliche, nicht nachvollziehbare Gefühle, die sich einfach nicht beschreiben lassen.

Simsalabim

Ich werde oft nach dem Geheimnis unseres Erfolges gefragt. Ganz einfach, keine faulen Kompromisse und keine Halbheiten! Erst wenn wir uns mit dem, was wir tun, wohlfühlen, können wir zufrieden sein. Immer das Beste geben. Genug ist mir eben nie genug.
Ich strebe nach Perfektion; mancher mag das für zu ehrgeizig halten, ich kann nichts Schlechtes daran finden. Jeder Körper in sich weiß, was sich gut anfühlt. Ich entwickle etwas, sage und

zeige, was ich mir vorstelle und baue auf perfekte Umsetzung. Wenn Aljona hingegen meint, sie fühle sich an irgendeiner Stelle des Programmes unwohl, dann müssen wir etwas Neues machen, dann ist gegen dieses Nein kein Kraut gewachsen. Natürlich muss eine Eiskunstläuferin wie Aljona, die zu einer Handvoll Spitzenläuferinnen auf der ganzen Welt gehört, ihren Gefühlen freien Lauf lassen dürfen. Einfach ist das manchmal trotzdem nicht.

Robin fällt es schwer, Konfrontationen auszutragen oder Nein zu sagen; er braucht eine friedvolle Arbeitsatmosphäre. Letztendlich gibt Robin zu jeder Veränderung immer sein Okay und das ist gut so, denn die beiden müssen das Programm ja gemeinsam laufen. Sind sie nicht beide glücklich damit, dann ist nichts, aber auch gar nichts erreicht.

Simsalabim, dreimal schwarzer Kater? Nein, es gibt keine Zauberei. Ich trainiere eigentlich aus dem Bauch heraus. Meine Sinne müssen natürlich hellwach sein. Sehen, hören, fühlen und verstehen.

Manchmal gehe ich an ein Element, das wir am Vortag übten, ganz anders heran. Wir kommen nicht jeden Tag in der gleichen Verfassung zum Training. Mal verlangt eine Oberschenkelmuskulatur ihre Ruhe, dann haben wir mal alle schlecht geschlafen und bringen eine sehr dünne Haut mit aufs Eis. An solchen Tagen brauchen wir viel Kraft, um überhaupt irgendetwas zu schaffen.

Zu anderer Zeit coache ich förmlich zwei Kraftpakete und wir machen einen Riesensprung. Natürlich habe ich ein Ziel, aber um es zu erreichen, gehe ich ganz verschiedene Wege. Nehme ich heute diesen Weg, kann es morgen ein ganz anderer sein, um eine Figur, eine Hebung oder einen Sprung zu vollenden. Das ist mein Geheimnis. Ich bin selbst ein erfahrener Eiskunstläufer und kenne eine ganze Menge Tricks und Kniffe. Es muss gelingen, dafür einen „Transportweg" zu meinen Sportlern zu finden. Vermittle ich es ihnen so, dass sie es verstehen und annehmen können, dann habe ich den richtigen Weg genommen.

Foto: Dirk Kohl

Ich bin dankbar dafür, dass es uns so lange gelungen ist, dieses hohe Niveau zu halten. Wir haben es geschafft, das Ziel und den enormen Aufwand, den wir Tag für Tag dafür betreiben, als selbstverständlich zu akzeptieren. Jeden Tag gut sein und am Ende der Saison zeigen, was man drauf hat! Viel mehr steigern lässt sich da im Augenblick nichts.

Vielleicht gelingt es uns noch immer, weil wir lernten, Abstand voneinander zu halten – abends nach dem Training, am Sonntag und auch in unseren täglichen Trainingspausen. Die Freiräume zwischen unseren gemeinsamen Trainingszeiten verbringen wir prinzipiell getrennt. Schlimm, wenn es anders wäre!

Die Stunden, in denen wir zusammenarbeiten, verbringen wir so intensiv, so hoch energetisch, dass wir unbedingt auch Ruhe und Abstand brauchen. Das ist fast überlebenswichtig. Sitzen wir bei Kaffee oder Tee zusammen, wäre das wieder eine Belastung, denn sofort würden wir uns wieder über das Eislaufen austauschen. So aber erholen wir uns wirklich vom Training und voneinander, wir tanken Kraft, um wieder gut miteinander zu arbeiten.

Jetzt gibt es nichts anderes, als mit unseren zwei wundervollen Programmen Gold in Sotschi zu holen. Manchmal werde ich gefragt, ob uns das nervlich nicht zu sehr unter Druck setze, unser Ziel so genau zu benennen. Bronze hängt aber schon im Schrank. Als wir uns darauf einließen, noch einmal vier Jahre dranzuhängen, dann doch nicht, um noch einmal Dritte zu werden. Was wir aussprechen, denkt alle Welt doch sowieso. Wir werden sehen, ob wir unseren stärksten Konkurrenten, Tatjana Wolososchar und Maxim Trankow, Paroli bieten können.

Vom Jetzt und Später

Ich kann es nicht anders sagen, als dass ich froh bin, dass sich alles so gefügt hat. Na klar, ich könnte auch noch immer Shows laufen. Bis 2011 hab ich das hin und wieder gemacht. Ich trainiere gemeinsam mit Aljona und Robin sechs Tage die Woche, das hält mich in Form. Einmal hatte mich André Rieu engagiert, ein andermal lief ich bei Art & Ice. Es ist auch jetzt noch ein unbeschreibliches Gefühl, vor ausverkauftem Haus zu laufen.

Da sich die Arbeit mit Aljona und Robin so intensiv und erfolgreich gestaltete, rückte mein läuferisches Interesse aber in den Hintergrund; es blieb einfach keine Zeit dafür. Möglich gewesen wäre es. Sofort könnte ich in Shows einsteigen und in aller Ruhe Geld verdienen.

Der Zufall wollte es, dass ich mich als Trainer ausprobierte. Ich entschied mich, dabei zu bleiben, überrascht von der Freude an dieser Arbeit und ihrem Erfolg.

So ist das oft mit meinen Entscheidungen gewesen. Als ob sich – mit unbekanntem Ziel – alles bis zu einem bestimmten Punkt entwickeln würde. Dann ging die Reise stets hin zu neuen Ufern. Und immer wieder gab es Wolken und Sonne im Wechsel.

Ich glaube, ich würde alles wieder genauso machen wie damals – alles, bis auf die eine Unterschrift. Ich liebe mein Leben, so wie es ist, mit allem Wenn und Aber.

Meinen Weg im Eiskunstlauf habe ich letztendlich meinen Eltern zu verdanken. Sie brachten mich zum Sport – und ich blieb dabei. Mit dem Sport liefen so viele Dinge in die richtige Richtung; ich zeigte mein Talent und hatte damit bereits sehr jung wohltuende Erfolge.

Ich lernte, durchzuhalten. Machte ich Ärger, bekam ich den Kopf gewaschen. Wurde es schwierig, konnte ich mich nicht verdrücken, sondern löste meine Probleme, anfangs auf dem Eis, später in der Schule. Danke dafür.

Natürlich braucht ein Trainer auch ein bisschen Glück. Dass Aljona damals nach Deutschland kam, um von mir trainiert zu werden, war mein besagtes Quäntchen Glück. Ich musste dafür das Schaulaufen mit Mandy Wötzel aufgeben und verabschiedete mich selbst als aktiver Eiskunstläufer vom heimischen und internationalen Eis.

Aus heutiger Sicht folgte ich mit einem guten Gespür meinen Intentionen. Jemand sagte mir einmal, mein wahrer Verdienst wäre, Aljona und Robin als Paar zusammengefügt zu haben. Nun, auf jeden Fall konnte ich sehen, was zu diesem Zeitpunkt kein anderer bemerkte. Nicht nur die Verschmelzung der zierlichen blonden Frau mit dem schönen dunklen jungen Mann auf dem Eis. Auch, dass beide zart und stark zugleich erscheinen, Hingabe und Leidenschaft besitzen, ihren Körper wie ein Instrument spielen können.

Ich sah, dass das Eis mit ihnen heiß werden konnte. Ich schmeckte das Salz in der Suppe, spürte die knisternde Atmosphäre, die sich später tatsächlich einstellen und ihnen so viel Zuneigung und Sympathie im Publikum einbringen sollte. Ich sah, dass ihr Lauf etwas Magisches haben würde.

Was nach Sotschi sein wird? Im Moment schreit alles in mir nach einer langen Pause. Wenn ich bedenke, wie viel passiert ist und was wir durchstehen mussten! Wie sehr wir kämpfen, jeden Tag, und das schon über Jahre! Das raubt so unheimlich viel Energie.

Dabei muss man nicht immer an der Bande stehen. Das ganze Drumherum, das es zu bedenken und beachten gilt; nichts darf vergessen oder vernachlässigt werden. Das schlaucht und nimmt einen ganz schön mit. Termine, Sponsoring, Wettkampfvorbereitung, medizinische Kontrollen, Nominierungen, Kostüme, Trainingskonzepte wieder und wieder anpassen ... Ich muss den Überblick behalten und dabei selbst gut in Form bleiben, auf die Fitness meiner Sportler ein Auge haben und auch auf meine Gesundheit achten. Das zerrt bei einem Perfektionisten wie mir ganz gehörig an den Nerven – oder dem, was davon noch übrig ist. Manchmal scheint mir das Pensum übermenschlich zu sein, und ich freue mich unglaublich auf die Zeit nach Sotschi, wenn die Winterspiele 2014 Geschichte sein werden.

Auf jeden Fall werde ich erst einmal verschnaufen. Ich träume davon, auszuspannen, Musik zu hören, vielleicht wieder mehr zu malen. Das wäre wirklich schön, wenn ich wieder Muße finden würde, mehr zu zeichnen.

Wie früher einfach mal einen Tag nur damit zu verbringen zu skizzieren und vielleicht mal ein Porträt versuchen. Auf jeden Fall will ich mehr Zeit in der Natur verbringen, mal wieder durch die Wälder streifen. Oder in Bergen wandern, die etwas höher als mein heimisches Erzgebirge liegen.

Vielleicht werde ich mir neue Fußballschuhe kaufen, eine Alte-Herren-Mannschaft suchen und kicken, was das Zeug hält.

Aber vielleicht halte ich es auch mit so viel Muße gar nicht aus? Vor einiger Zeit saß ich abends vor dem Fernseher und habe mir eine Dokumentation angesehen. In Pakistan wurden da neugeborene Mädchen auf den Müll geworfen und ich fragte mich: „In welcher Welt leben wir eigentlich?"

Ich sah diese Kindergesichter und wäre am liebsten sofort hingefahren, um zu helfen. Was sind denn schon meine Sorgen mit den Olympiavorbereitungen gegen ein kleines Leben, das noch nicht einmal angefangen hat und schon wieder zu Ende ist? Angesichts solcher Missstände relativieren sich meine Probleme sehr schnell.

Vielleicht nehmen wir uns generell viel zu wichtig, vielleicht gibt es Dinge, die viel wesentlicher sind. Da ich am liebsten selbst anpacke, frage ich mich, ob ich nicht nach Olympia 2014 irgendwo vor Ort etwas Gutes bewirken kann?

Nicht nur Geld hinschicken und das auf irgendeine für mich nicht wirklich nachvollziehbare Weise arbeiten lassen. Wäre ich ein Arzt, ginge ich vielleicht mit „Ärzte ohne Grenzen" an problematische Orte. Augenblicklich weiß ich nicht, was ich tun könnte, aber dass ich etwas bewirken will, da bin ich mir ganz sicher.

Es ist auch gut möglich, dass ich bald wieder eine Trainingsgruppe aufbauen werde, hinter der Bande stehe und versuche, neue Talente zum Erfolg zu führen. Vielleicht höre ich noch mehr Musik und schreibe Choreografien?

Was ich auf jeden Fall weiß, ist, dass ich neue Wege gehen werde, um den Eiskunstlauf am Leben zu erhalten.

13. Kapitel
Die Akte Ingo Steuer

Lesen Sie dieses Kapitel exklusiv unter:
www.weltbuch.com/buch/biografie/eiszeiten
Das Kennwort lautet: *2006iSteuer*
Falls Sie nicht zu der Seite gelangen oder sie nicht öffnen können, wenden Sie sich bitte an den Weltbuch Verlag.

Danke

„Ein Buch zu schreiben, ganz gleich ob Biografie oder Prosa, ist harte Arbeit. Deshalb danke ich von ganzem Herzen all jenen, die dieses Buch mit auf den Weg gebracht haben - vor allem Claudia Gräf, die es in langen, zahlreichen Gesprächen geschafft hat, mein bisheriges Leben zu Papier zu bringen. Ohne sie könnte kein Leser dieses Buch in der Hand halten. Auch Dirk Kohl und seinem Weltbuch Verlag, der das Projekt immer wieder vorangetrieben hat, gilt mein aufrichtiger Dank. Und natürlich, wie bereits eingangs erwähnt – meinen Fans."

14. Kapitel
Bildteil 1984-2013

Juniorenweltmeister 1984 mit Manuela Landgraf im japanischen Sapporo.

Foto: J. Jeibmann

Foto: Privat

*World Championship mit
Manuela Landgraf 1985 in Tokyo.*

*Vorbereitung zum Triathlon 1988.
(Foto: Privat)*

Die ersten Fotos mit Mandy Wötzel auf dem Eis, 1992. (Fotos: A. Springer Verlag)

... und mit Monika Scheibe.

Bundeswehrausbildung im Regiment der Luftwaffe in Holzdorf 1993.

Fotos mit Mandy während der Bundeswehrausbildung, 1993. (Foto: Thomas Kretschel)

*Aktfotos für die
Mode-Zeitschrift
ELLE, 1994.*

Mit einem Toyota vom Toyota-Autohaus Chemnitz, 1996.

Foto: Swarovski

Mit Rudi Zerne bei Harald Schmidt in seiner Show, 22.04.1997.

WS-Editions Fotos, 1997.
(Foto: Rauchensteiner)

Champions on Ice Team, 1997.
(Foto: Paul Harvath)

Foto: Ines Escherich

Goldmedaillen: EM 1995 in Dortmund (li.) und WM 1997 in Lausanne. (Foto: Jürgen Jeibmann)

Knie-OP im August vor Olympia 1998 bei Dr. Kupfer.

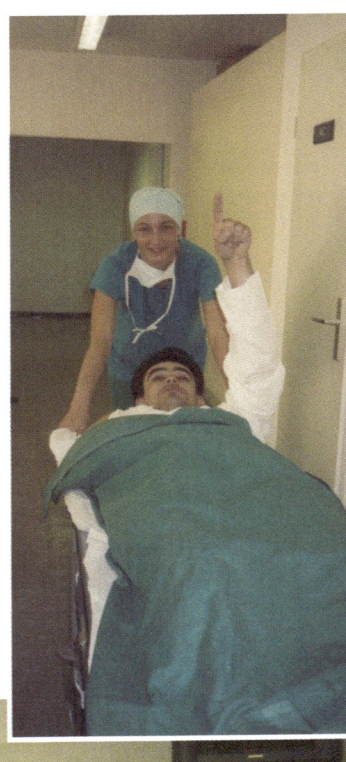

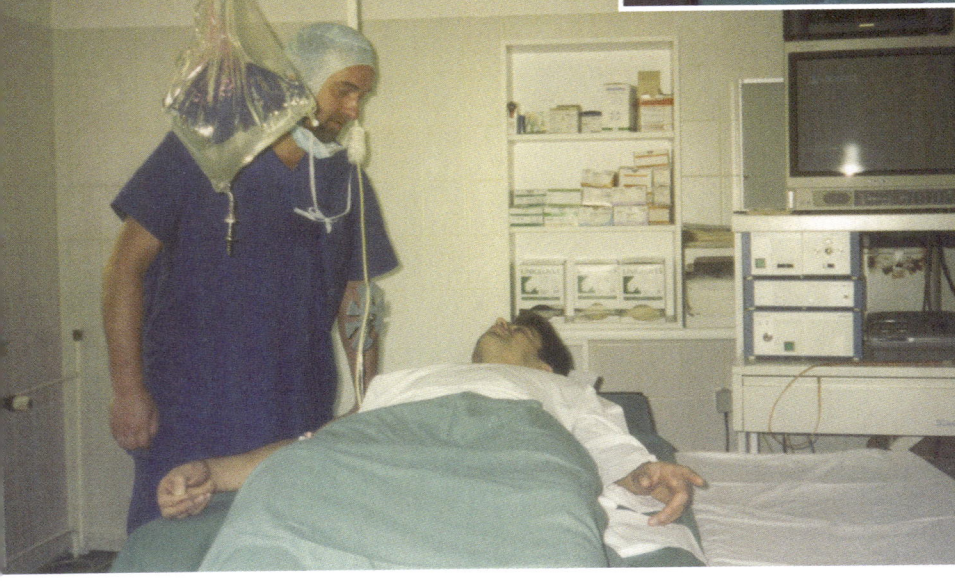

Olympia-Kür mit Mandy 1998. (Fotos li. oben und Mitte: Chikako Shiraki)
Die Bronzemedaille. (Foto: Jürgen Jeibmann)
Einfach nur glücklich über Bronze bei den Olympischen Winterspielen in Nagano.

*Die Liebigstraße 9
nach der Ankunft
aus Nagano.*

Mit Mandy, Karla Urbanski und Rudy Galindo während der Tour „Champions on Ice" zu Besuch bei „Cirque du soleil", 1998.

Mit Olympiasiegerin Tara Lipinsky, 1998.

Foto: Barry Mittan

Mit unserem Fan Chikako Shiraki.

Auf Einladung von Pianist Danny Wright in seinem Penthouse, 1998.

Nach dem Garth-Brooks-Konzert in Phoenix, 1998.

*Bundesverdienstkreuz 1998.
(Foto: Jürgen Jeibmann)*

Feier nach der Show „Art on Ice" in Zürich, mit Chris de Burg, 1999.

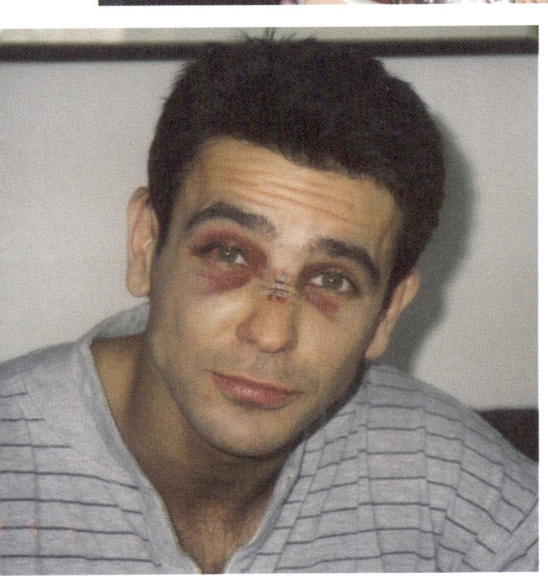

Nasenbeinbruch während der Show „Stars on Ice" mit Katarina Witt, 1999.

Auf Tour bei „Champions on Ice" mit Michelle Kwan, 1999.

Beim Wäschewaschen während der Show „Champions on Ice", 1999.

Bei der Show-Nummer „Let's Dance", 1999.

Beim Bowlen während der Tour „Champions on Ice", 1999.

Auf Tour unter anderem mit Gary Beacom, Nicole Bobeck, Brian Boitano, Oksana Baiul, Rudy Galindo, Mandy und Lu Chen.

Mit den USA-Olympia-Turnerinnen bei einer Show in Sea World, 2000.

*Mit den Olympiasiegern
Arthur Dimitriev und
Anton Sicharulidse, 2000.*

*Links: Matthias Bleyer und
Nicole Nönnig,
Rechts: Eva-Maria Fitze und
Rico Rex, 2001.*

Beim V8-Rennen am Lausitzring kurz vor dem Unfall von Zarnardi, 2001.

Mit Lu Chen (Mitte) und Brian Boitano, 2001.

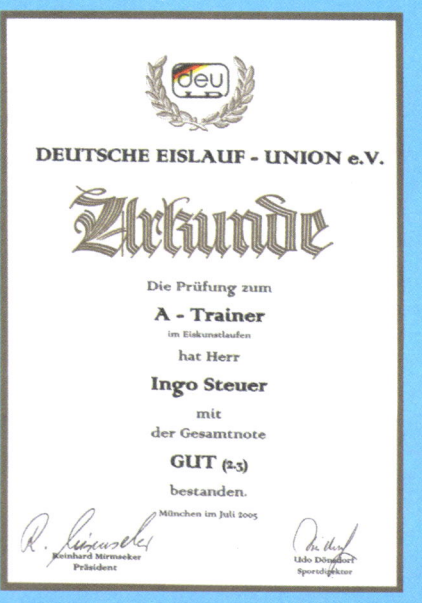

Der Weg zum Trainer ist geebnet: B-Lizenz 2002 und 2005 die A-Lizenz.

Bei „Holiday on Ice" in Mexiko mit den Medini-Brüdern, 2003.

„Kati Witt Show" 2003. (Foto: Birgit Lucke)

„Kati Witt Show"
2003, Steven
Cousins (li.) und
Jason Dungjen (re.).
(Foto: Birgit Lucke)

Mit Sohn Hugo,
Aljona und Robin
auf dem Eis, 2004.

Foto: Markus Seidel

Foto: Ralph Köhler

Besuch im Bundeskanzleramt beim damaligen Bundeskanzler Gerhard Schröder, 2005.

Auf Deutschland-Tour, 2006.

Mit Aljona und Robin bei der Eislauf-Show in Chemnitz, 2006.

Aljona und Robin sind das erste Mcl Europameister, 2007 in Warschau.

Mit Robin bei einem Benefiz-Spiel, 2007.

In St. Moritz mit Supertramp-Sänger Roger Hodgson (Mitte), 2007.

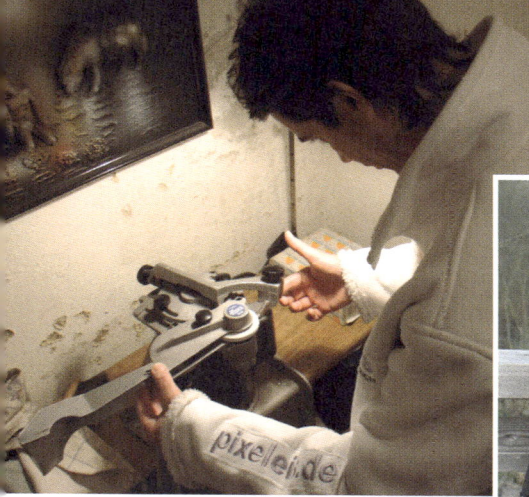

Beim Schleifen der Kufen in der Chemnitzer Trainingshalle, 2007.

Zusammmen bei der Show in Bad Liebenzell, 2007.

Training im Cricket-Club Toronto, 2007.

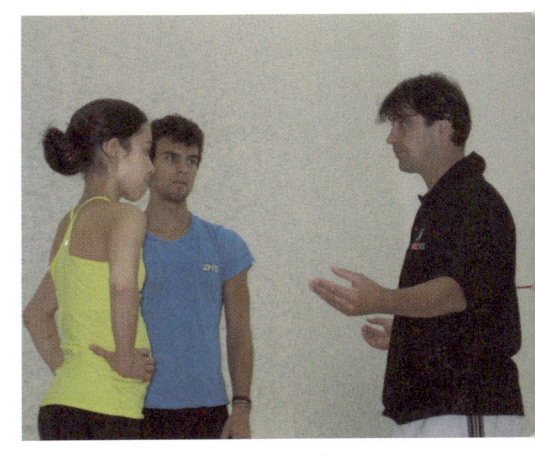

*Im Cricket-Club
mit Eric Radford beim Tennis.*

Bei der Abschieds-Gala von Katarina Witt, 2008 in Chemnitz.

Mit Aljona, Rachel Kirkland und Eric Radford, Robin während der DM 2008 in Dresden. (Foto: Ralph Köhler)

Beim Dutch Ball (Völkerball) Turnier am Strand in Toronto, 2008.

*Im Trainingsraum der
Chemnitzer Eislaufhalle, 2009.*

Empfang im Chemnitzer Rathaus, mit Jutta Müller in der Mitte, 2009. (Foto: Solveig Jahnke)

Mit Robin und Alonia nach dem letzten Training vor Olympia 2010. (Foto: Dirk Kohl)

Strandspaziergang mit Ralf Möller nach unserem WM-Sieg 2009 in Los Angeles. (Foto: BILD)

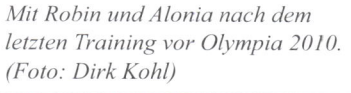

Das „Steuer"-Team 2010: Tatjana Wolososchar/Stanislaw Morosow, Anais Morand/Antoine Dorsaz, Aljona/Robin. (Foto: Martin Seidel)

Bei einer Show 2010 in Amsterdam, mit Peggy Schwarz, André Rieu, Aljona und Robin (v.l.n.r.).

In Chemnitz zum Training: Dasha, Ilia und Anais, 2011.

*Das „Steuer"-Team beim Sommertraining in Paris 2011:
Dasha, Vanessa, Morgan, Aljona, Rudi, Annette.*

Absolut glücklich über den Sieg bei der WM 2011 in Moskau!

Mit John Zimmermann und Silvia Fontana in Coral Springs, 2012.

Beim Aufbau der Nussknacker-Kür mit David Wilson (2. v. re.) im Cricket-Club in Toronto, 2013. (Foto: R. Kany)

Mit Aljona und Robin nach dem Grand-Prix-Sieg im südjapanischen Fukuoka, Dezember 2013. (Foto: David Carmichael)